KB205482

사랑 안에 두려움이 없고

(주)죠이북스는 그리스도를 대신한 사신으로
문서를 통한 지상 명령 성취와 하나님 나라 확장을 위해 노력합니다.

사랑 안에 두려움이 없고

타자 혐오 시대, 그리스도인의 사랑과 환대에 관하여

Fear of the Other

윌리엄 윌리몬 지음

송동민 옮김

죠이북스

앨라배마주의 반(反)이민법 HB 56●를 옹호하는 주지사와 주의회
에 맞서 두려움 없이 말씀을 전하고 항거하는 그리스도인들에게
이 책을 바칩니다.

● 2011년 6월 미국 앨라배마주에서 법으로 제정된 불법 이민 방지 법안이다. 이 법에
따르면 경찰은 불법 체류 이민자로 의심될 경우 누구든 검문할 수 있는 권한이 있고,
모든 회사는 직원을 고용하기 전 연방 정부의 전자 고용 인증 시스템(E-Verify)을 통해
체류 신분을 확인해야 한다. 이는 일부에서 인종 차별적 법안이라는 비판을 받고 있으
며, 당시 이 법안을 두고 히스패닉계에서 위헌 소송과 반대 시위를 벌였다. _편집자

사랑 안에 두려움이 없고 온전한 사랑이 두려움을 내쫓나니 두려움에는 형벌이 있음이라 두려워하는 자는 사랑 안에서 온전히 이루지 못하였느니라 우리가 사랑함은 그가 먼저 우리를 사랑하셨음이라 누구든지 하나님을 사랑하노라 하고 그 형제를 미워하면 이는 거짓말하는 자니 보는 바 그 형제를 사랑하지 아니하는 자는 보지 못하는 바 하나님을 사랑할 수 없느니라 우리가 이 계명을 주께 받았나니 하나님을 사랑하는 자는 또한 그 형제를 사랑할지니라.

_요한일서 4장 18-21절

차례

서론

도널드 트럼프(Donald Trump)와 벤 카슨(Ben Carson), 테드 크루즈(Ted Cruz) 같은 동료 그리스도인들에게 감사한다(트럼프와 카슨, 크루즈는 2016년 대선 당시 공화당 경선 후보들로 반이민, 친백인 등의 경향을 보인다_ 편집자). 그들의 활동이 없었다면, 나는 이 책을 써 달라는 요청을 받지 못했을 것이다.

이 말은 진심이다. 미국의 정치인들은 타인에 대한 우리의 두려움을 이용해서 표를 얻으려고 열띤 경쟁을 벌인다. 그리하여 나는 한 출판사로부터 **그리스도인으로서** '타자'(the Other, 낯설고 이질적인 존재_ 옮긴이)의 문제를 다루는 책을 내자는 제안을 받았다. 물론 정치인들은 우리 유권자들의 표를 얻기 위해 온갖 애를 써야 할 것이다(다만 나는 그들이 우리를 무척 얕잡아 보고 있다고 느낀다). 그들과 달리, 나는 여론 조사 결과에 신경 쓰거나 대부분의 미국인이 거부감 없이 받아들일 메시지가 무엇인지 고민하지 않아도 된다. 내 소명은 그저 교회에 속한 이들이 그리스도인답게 생각하며 예수님을 본받아 행하도록 돕는 것이다.

내 집에서 겨우 몇 킬로미터 떨어진 곳에서, 데아 샤디 바라캣과 유소르 모하마드 아부 살하, 라잔 모하마드 아부 살하라는 무슬림 대학원생 세 명이 나와 비슷한 백인 남성의 총에 맞아 숨졌다. 하지만 나는 예수님이 우리에게 그런 범죄들을 정죄하고 회개하며 물리칠 방편을 주셨다고 굳게 믿는다.

솔직히 고백하자면, 나는 이제껏 살아오면서 어떤 이들에게 '타자'로 대우받은 적이 거의 없다. 나는 어느 정도 사회적 특권층에 속한 가정에서 태어났으며, 출생 시에 부족한 부분들은 성장기에 미국 고등 교육과 교회의 양육 환경 속에서 조금씩 채워졌다. 그 과정에서 나는 늘 다른 이들의 격려와 환대를 누렸다. 나를 잠재적인 위협이 될 '타자'로 여기는 이는 거의 없었다.

얼마 전, 한 동료 목회자와 이야기를 나누었다. 그는 무심코 자신이 밀샙스 대학(Millsaps College) 2학년생일 때 겪은 일을 들려주었다. 당시 그는 용기를 내어 한 여학생에게 데이트를 신청했고, 둘은 시내의 한 레스토랑을 찾았다.

그는 메뉴를 살피는 여학생을 보면서 이렇게 말했다. "무엇이든 원하는 대로 시키세요."

그러자 그 여학생이 쾌활하게 대답했다. "다 맛있어 보여서 고르기가 힘드네요."

둘은 학교 생활을 비롯한 이런저런 일들에 관해 계속 대화를 나누었다.

마침내 한 종업원이 옆 테이블을 치우러 왔을 때, 그는 이렇게 물었다. "저기요, 왜 아무도 주문을 받으러 오지 않나요?"

그러자 그 종업원이 싸늘하게 웃으면서 이렇게 응수했다. "왜 그랬겠는지 한번 맞춰 보시죠." 그러고는 다른 테이블로 휙 하니 가 버렸다.

그는 짧게 한숨을 쉬고 나서 메뉴판을 내려놓으며 여학생에게 말했다. "사실은 별로 배고프지 않네요." 그리고 둘은 식당을 나섰다.

이 동료 목회자가 아프리카계 미국인이라는 사실을 내가 말했던가?

나는 그 이야기를 들으면서 이렇게 생각했다. '나는 그런 일을 겪은 적이 한 번도 없는데…….' 내 인종이나 종교, 성별과 억양, 집안 배경 혹은 외모를 두고 누군가 내게 부정적인 반응을 보이거나 나를 부당하게 대한 경험은 매우 드물었다.

이전에 나는 다른 이들을 예수님의 관점에서 내 이웃으로 여기기보다는 두렵고 위협적인 '타자'로 대하는 쪽을 주로 선택했다. 때로 나는 이 죄의 원인을 '과거 부모님의 양육 방식'이나 심리적인 불안감 탓으로 돌렸지만, 이런 행동은 분명히 주님의 뜻을 거스르는 것이었다.

이제 나는 하나님의 은혜로 그 죄악 된 '이방인 혐오증'(xenophobia) 경향에서 건짐받은 이로서 이 글을 쓰고 있다. 마침내 나는 그 '타자'들을 적이 아닌 친구로 받아들일 때 오는 기쁨을 누렸으며, **또한** 그들에게 따스한 은혜와 환대를 경험했다.

감독(bishop)으로 사역하면서, 나는 교회들이 그리스도의 명령을 좇아 낯선 이들을 환대하고 세례를 통해 가족으로 영접하면서 변화되어 가는 모습을 보았다. 여러 교회가 그 '타자'들을 따스하게 맞아들일 때, 예수님이 그 공동체들의 닫혀 있던 마음 문을 열고 들어오셨다.

설교자 토머스 롱(Thomas Long)은 조지아주의 한 장로교회에 출석하던 어린 시절, 어느 주일 예배 시간에 허름한 옷을 입은 한 낯선 남자가 예배당에 불쑥 찾아온 이야기를 자주 언급했다. 그 남자는 그저 지나가는 부랑자였을 수도 있고, 아니면 인근에 있던 기차 화물칸에서 뛰어내려 사람들의 경계심이 느슨해진 틈을 타 그들을 해치려 한 살인마일 수도 있다.

당시 그 교인들이 확실히 알았던 것은 그가 자신들 중 하나
가 아니라는 점뿐이었다.

그 남자가 예배당 안에 들어서자, 안내를 맡은 이들이 한
걸음 뒤로 물러섰다. 잠시 후 그에게 주보를 건네주었지만, 그
리 친절하게 대하지는 않았다. 그는 맨 뒤쪽 좌석에 홀로 앉았
다. 예배 시간 내내, 목회자와 교인들은 긴장된 눈빛으로 그가
있는 곳을 주시했다. 그리고 헌금 접시가 회중석 사이로 전달
될 때, 사람들은 그가 그 안의 돈을 꺼내 갈지 모른다고 의심했
다. 설교가 끝난 뒤, 그 남자는 자리에서 일어나 조용히 예배당
을 떠났다.

당시 롱은 어렸지만, 예배 후 농부들이 교회 마당의 큰 참
나무 아래 모여서 낮고 심각한 어조로 이야기를 주고받던 모
습을 지금도 기억했다.

롱은 이렇게 말했다. "아마 그 어른들은 자신들의 생각을
어떻게 표현해야 할지 몰랐을 것입니다. 하지만 당시에는 모
두가 하나님이 우리 교회를 시험하신 것이라고 느꼈습니다.
그리고 우리는 낙제점을 받았지요."

롱이 이 이야기를 자주 들려주는 이유는 그 이야기 속에 우
리가 스스로를 그리스도의 진실한 벗으로 여기면서도 실상은

그분을 깊이 실망시키는 배신자가 될 수 있다는 핵심 요점이 담겨 있기 때문이다.

하나님은 우리가 '타자'로 여기고 두려워하는 사람들을 교회의 형제자매로 보내신다. 그렇게 하서서 우리의 됨됨이를 시험하실 뿐 아니라, 제자도의 모험을 회복할 기회를 주신다. 이 하나님의 은혜와 교회 사역을 통해, 우리는 자기 힘에 의존할 때보다 나은 삶을 살아가게 된다.

신학생 시절 헬라어 수업 시간에 영어로 번역해 본 첫 본문은 요한일서였다. 나는 그때 이 책 주제와도 같은 4장 18절을 읽은 일을 아직도 기억한다. **"온전한 사랑이 두려움을 내쫓나니."** 그때 교수님은 이렇게 말씀하셨다. "요한일서의 헬라어 본문은 읽기가 퍽 쉽다네. 하지만 그 메시지대로 사는 일은 전혀 그렇지 않지."

정말 그러하다.

1장

타자에 의해 구원받다

어느 토요일 저녁, 대규모 청소년 집회에 초대받은 적이 있다. 그 집회의 주 강사는 전국적인 청소년 사역자 더피 로빈스(Duffy Robbins)였다. 집회 시작을 알리면서, 그는 로마서 5장 6-11절을 낭독했다.

우리가 아직 연약할 때에 기약대로 그리스도께서 경건하지 않은 자를 위하여 죽으셨도다 의인을 위하여 죽는 자가 쉽지 않고 선인을 위하여 용감히 죽는 자가 혹 있거니와 우리가 아직 죄인 되었을 때에 그리스도께서 우리를 위하여 죽으심으로 하나님께서 우리에 대한 자기의 사랑을 확증하셨느니라 그러면 이제 우리가 그의 피로 말미암아 의롭다 하심을 받았으니 더욱 그로 말미암아 진노하심에서 구원을 받을 것이니 곧 우리가 원수 되었을 때에 그의 아들의 죽으심으로 말미암아 하나님과 화목하게 되었은즉 화목하게 된 자로서는 더욱 그의 살아나심으로 말미암아 구원을 받을 것이니라 그뿐 아니라 이제 우리로 화목하게 하신 우리 주 예수 그리스도로 말미암아 하나님 안에서 또한 즐거워하느니라.

더피는 강당을 가득 채운 청중을 향해 이렇게 말했다. "이제 작은 촌극을 진행할 텐데, 여러분의 도움이 필요합니다. 각자의 이름을 부르면 이리로 올라와서 무대 위에 서 주십시오. 제 오른편에는 '선한 사람들'이, 왼편에는 '악한 사람들'이 서게 될 것입니다. 먼저 테레사 수녀님을 모셔 보지요."

그는 두 번째 줄에 앉은 한 여학생을 지목하면서 이렇게 청했다. "테레사 수녀님, 이리 올라오세요. 이 선과 악의 연속선 위에서 자신의 위치를 정해 보시기 바랍니다." 이에 그 여학생이 올라와서 더피의 오른쪽 뒤편에 자리를 잡았다.

"그다음은 훈족 왕 아틸라입니다!" 더피는 이렇게 말하면서 뒤쪽 중간쯤에 앉아 있는 한 남학생을 지목했다. 약간의 웃음소리와 함께, '아틸라'는 '테레사 수녀' 왼쪽으로 멀리 떨어진 곳에 올라와 섰다.

"좋아요. 이제 마틴 루터 킹 목사님을 모셔 보지요." 이때 한 청소년이 자원해서 올라와 테레사 수녀 바로 옆에 섰다. 뒤이어 '마하트마 간디'와 '클라라 바턴'(미국 적십자사 창시자_ 옮긴이) 역시 그 옆에 자리를 잡았다.

'조지프 스탈린'과 '아돌프 히틀러'가 호명되자, 맨 왼쪽에 있던 '아틸라'가 그들을 반갑게 맞이했다. '버락 오바마'와 '힐러리 클린턴', '브리트니 스피어스'와 '저스틴 팀버레이크'는 진실로 선한 '테레사 수녀'와 '킹 목사'보다 조금 왼쪽에 자리를 잡았다.

이렇게 십여 명의 청소년이 무대에 올라와 선과 악의 연속선 위에서 자기 위치를 정했을 때, 더피는 이렇게 선언했다. "이제 예수 그리스도를 모셔 보겠습니다." 이때 누군가 킥킥 웃었다. 더피는 한 여학생을 지목했고, 그 아이는 수줍게 무대 위로 걸어 올라왔다. '킹 목사'와 '테레사 수녀'를 비롯한 오른편의 사람들이 그 아이를 따스하게 맞아주었다.

더피는 청중을 향해 이렇게 물었다. "여러분에게는 이 인물들의 배치가 옳아 보이나요?" 대부분이 동의했다. 그러자 더피는 다시 이렇게 말했다. "여러분은 아까 제가 낭독한 성경 본문을 제대로 들었나요? 다시 읽어 보겠습니다. 이번에는 집중해 주세요!"

우리가 아직 연약할 때에 기약대로 그리스도께서 경건하지 않은 자를 위하여 죽으셨도다 의인을 위하여 죽는 자가 쉽지 않고 선인을 위하여 용감히 죽는 자가 혹 있거니와 우리가 아직 죄인 되었을 때에 그리스도께서 우리를 위하여 죽으심으로 하나님께서 우리에 대한 자기의 사랑을 확증하셨느니라 (롬 5:6-8).

'예수 그리스도'는 조금씩 왼쪽으로 발걸음을 옮겼다. 마침내 낭독이 끝났을 때, 그는 '스탈린', '아틸라'를 비롯한 최악의 인물들과 함께 있었다.

다시 더피가 말했다. "자, 오늘 밤 모인 분들 가운데 월요일 아침에 등교할 때 예수님의 뒤를 따르길 원하는 사람은 누구입니까?" 밴드가 강렬한 음조로 찬송가를 연주하자, 많은 청소년이 불경건한 이들을 향한 예수님의 무모한 헌신에 동참하기를 갈망하면서 앞으로 몰려나왔다.

'타자'를 향한 그리스도인들의 모든 움직임은 이처럼 죄인인 우리에게 먼저 다가오신 예수 그리스도의 사랑에 기초한다. "우리가 원수 되었을 때에 그의 아들의 죽으심으로 말미암아 하나님과 화목하게 되었은즉"(롬 5:10).

은혜가 없이는 그분의 원수였을 우리

동료 감독이 간음죄로 해임되었을 때, 나는 주위 사람들에게 이렇게 말했다. "하나님의 은혜가 없었다면, 나도 저렇게 되었을지 몰라요." 나는 예수님의 가르침에서 교훈을 얻어 이런 생각을 품게 되었다. 플레밍 러틀리지(Fleming Rutledge)에 따르면, 16세기 청교도 존 브래드포드(John Bradford)가 교수대로 끌려가는 한 무리의 죄수들을 보면서 처음 이 말을 했다. "하나님의 은혜가 없었다면, 나도 저렇게 되었을지 몰라요." 하나님이 은혜 대신 공의를 시행하셨거나 우리를 죄에서 건져 내기보다 높은 도덕적 기준을 유지하는 편을 더 원하셨다면, 우리는 모두 교수대로 향하는 처지가 되었을 것이다. 이에 관해, 바울은 이렇게 확언한다. "모든 사람이 죄를 범하였으매 하나님의 영광에 이르지 못하더니"(롬 3:23). '대부분'이 아니다. '모든' 사람이다.

"그리스도 예수 안에 있는 속량으로 말미암아 하나님의 은혜로 값 없이 의롭다 하심을 얻은 자 되었느니라"(롬 3:24). 예수 그리스도는 오직 죄인만 구원하신다. 바울은 우리 죄와 그리스도의 구속을 철저히 선포하는데, 이는 우리가 '타자'들에게 그리스도인답게 응답하기 위한 기본 토대가 된다. "우리가 아직 연약할 때에 기약대로 그리스도께서 경건하지 않은 자를 위하여 죽으셨도다"(롬 5:6). 그리고 베드로전서는 이렇게 말한다. "그리스도께서도 단번에 죄를 위하여 죽으사 의인으로서 불의한 자를 대신하셨으니"(3:18).

내가 참석한 어느 장례식에서 한 연사는 고인을 이렇게 추모했다. "조는 가족을 위해서라면 어떤 일도 마다하지 않았습니다. 그는 훌륭한 남편이자 아버지였습니다." 하지만 자기 가족을 위하는 일이 도덕적으로 그렇게 내세울 만한 일일까? 자신의 가족 사랑을 과시하는 사람들을 향해, 코미디언 에디 머피는 이렇게 비꼬았다. "그건 누구나 해야 할 일이잖아요!"

물론 나도 아내와 아이들을 사랑한다. 이는 서로 간의 동질감에서 오는 사랑이다. 그러나 그리스도께서 그분의 '타자'이자 원수인 나를 사랑하셨듯이 나도 주위의 '타자'를 사랑할 때, 이는 실로 기독교적이고 반문화적이며 거의 기적과도 같은 사랑이 된다.

얼마 전 한 대통령 후보가 특정 종교에 속한 이들의 입국을 차단해야 한다고 주장하면서, 그들을 교활하고 위협적인 악인으로 지칭했다. 그 모습을 보면서 나는 몇 년 전에 본 한 텔레비전 프로그램이 떠올랐다(당시는 미국이 중동에서 '모든 전쟁을 종식하기 위한' 수많은 전쟁 중 하나를 치르고 있는 때였다). 그 프로그램은

미군이 투하한 폭탄으로 집과 마을이 파괴된 한 무리의 아프간 소년들을 보여 주었다. 이제 부모를 잃은 그들은 파키스탄의 카라치로 피신하여 비참한 삶을 이어 가고 있었다. 그 아이들은 쓰레기 더미에서 상한 음식을 주워 먹으면서 오물 속에서 생활하고 있었다.

아이들의 유일한 희망은 파키스탄의 여러 '마드라사'(*madrasa*) 중 한 곳에 들어가는 것이었는데, 이는 '지하디스트'(jihadist. 이슬람 근본주의 사상에 입각하여 무장 투쟁을 벌이는 이들_ 옮긴이)의 산실로 악명 높은 무슬림의 종교 학교다. 이유가 뭐냐는 기자의 질문에, 아이들은 그곳에 가면 음식과 옷을 제공받고 어느 정도 생존이 보장되기 때문이라고 답했다.

기자가 미국인들을 어떻게 생각하느냐고 묻자, 아이들은 이렇게 답했다. "미국인들은 잔인한 살인자예요. 아프간 구석구석에 폭탄을 떨어뜨려서 다 망쳐 놓았어요. 꼭 되갚아 주어야 해요."

여기서 우리는 그리스도의 원수들을 알게 된다. 바로 **우리 자신** 말이다.

나는 알렉산드르 솔제니친(Aleksandr Solzhenitsyn)이 미국에 초청받아 왔을 때의 일을 기억한다. 그는 당시 소련이 자행한 억압과 처벌의 희생자였다. 미국인들은 이 냉전의 영웅을 열

렬히 환영하면서 반갑게 맞이했다(여기에는 소련인들의 코를 납작하게 만들려는 의도도 담겨 있었다). 그때 솔제니친이 놀라운 연설을 했다. 그 내용은 소련을 정죄하는 것이 아니라, 미국의 자본주의와 피상적이고 불경건한 삶의 태도를 비판하는 것이었다! 그는 자신의 책 「수용소군도」(열린책들 역간)에서 언급한 다음 내용을 진심으로 믿고 있었다. "선과 악의 경계선은 어떤 나라나 계층, 정당들 사이를 가로지르는 것이 아니다. …… 오히려 그것은 모든 사람의 마음속에 존재한다"(Aleksandr Solzhenitsyn, *The Gulag Archipelago: 1918–56* [Paris: Éditions du Seuil, 1973]).

최근에 둘 이상의 대통령 후보가 이렇게 말하면서 미국에 대한 자부심을 과시했다. "저는 미국이 전 세계에서 행한 일에 관해 아무에게도 사과하지 않을 것입니다"(I will never apologize for America). 하지만 우리 그리스도인들은 주님의 큰 은혜를 입었기에, 늘 자신의 허물을 사과하고 고백하며 뉘우쳐야 한다. "우리가 아직 연약할 때에 기약대로 그리스도께서 경건하지 않은 자[우리]를 위하여 죽으셨도다"(롬 5:6).

로마서의 증언에 비추어 볼 때, 기독교의 설교와 교회 생활이 지닌 중요한 기능은 **'우리' 자신**을 '타자'의 자리에 서 보게 만드는 것이다. 우리는 하나님의 원수였으며, 자신의 선택과 생활 방식을 통해 주위 형제자매들에게서 자신을 소외시킨 자들이다. 나는 이 점을 기꺼이 시인한다. 이전에 나는 하나님을 향해 깊은 적대감을 품었지만, 예수 그리스도께서 친히 나를 그분의 벗으로 삼아 주셨다.

나는 또한 '타자'를 통해 주어지는 은혜와 계시를 이미 경험한 바 있다. 내가 그리스도께 나아가기 전에 그분이 먼저 나를 찾아오셨듯이, (그리스도께 환대받은) 내가 그 '타자'를 영접하기 전에 먼저 그를 통해 임하는 은혜의 사역을 누린 것이다.

나는 흑백 분리가 일상화된 미국 남부에서 자랐다. 그곳은 노골적으로 인종을 차별하는 문화였다. 나는 날마다 그린빌 시내버스를 탔는데, 그 안에는 이런 문구가 붙어 있었다. "사우스캐롤라이나주 법에 근거한 명령임. 백인은 앞쪽부터, 흑인은 뒤쪽부터 착석할 것."

내가 아는 그 누구도 이 문구를 문제 삼지 않았다. 특히 주일마다 교회에서 함께 예배하는 이들은 더욱 그러했다.

하지만 쥬날루스카 호숫가에서 열린 한 청소년 집회에 참석했을 때, 나는 일종의 '다메섹 회심'을 체험했다. 당시 나는 그린빌 출신의 열여섯 살 동갑내기 소년과 같은 방을 배정받았다. 방 안에 들어섰을 때, 그 아이는 맞은편 침대 위에 앉아 있었다. 나는 그 아이를 보고 흠칫 놀랐지만, 그 아이는 그러지 않았다. 그 아이는 내가 다니는 학교에서 고작 네 블록 떨어져 있는 학교에 다녔으며, (우리가 감히 가 보지 못한) 근처 공터에서 종종 시간을 보냈다. 우리는 서로 가까이 살았지만, 이제까지 한 번도 만난 적이 없었다. 그 아이가 흑인이기 때문이었다.

당시 집회의 예배나 강연에서 들은 내용은 하나도 기억나지 않는다. 하지만 이튿날 새벽까지 그 아이와 나눈 이야기들은 지금도 생생하다. 그 아이는 자신이 다니는 교회와 학교가 어떤 곳인지를 들려주었다. 그 아이가 속한 세계는 매우 낯설고 이질적이었다. 랭스턴 휴즈(Langston Hughes, 미국의 시인_ 옮긴이)의 말을 빌리자면, "그 아이가 속한 그린빌은 내가 아는 그곳이 아니었다"(his Greenville was never Greenville to me). 다음 날 아침, 내가 속한 세계는 새롭게 개방되고 무한히 확장되어 있었다. 그 이전까지 내가 외면해 오던 부분들을 들여다보게 한 그 '타자'의 섬김 덕분이었다.

이후 나는 리처드 니버(Richard Niebuhr)가 **회심**을 "새로운 바라봄의 방식"(a new way of seeing)으로 정의한 글을 읽었다. 이때 나는 그가 나 자신의 경험을 묘사해 주었음을 깨달았다. "이전에 나는 눈이 멀어 있었지만, 이제는 본다"(I once was blind, but now I see).

환대를 명령받다

'타자'를 혐오하며 배타적인 두려움을 품는 일은 그저 우리에게 즐거움이나 안정감을 주는 사람들과 함께 있기를 선호하는 것과는 다른 문제다. 이때 우리는 '타자'에 대한 깊은 공포심에 매인 나머지, 그들을 우리에게서 떼어 놓고 더 효과적으로 억압하고 착취하거나 추방하고 감금할 방법을 찾으려고 애쓴다. 우리 자신과 아무 이해관계나 연관성이 없어 보이는 그들에게 상처를 주고 그들을 부당하게 대우하며 차별하는 것이다.

최근 시리아 난민의 입국을 허용할지를 두고 벌어진 논쟁의 배후에는 다음 질문들이 자리 잡고 있다. "우리가 그들을 받아 주는 데 어느 정도 비용이 들까? 국가의 치안이 약화되지는 않을까? 우리 동네의 부동산 시세가 하락하면 어쩌나? 그 이민자들이 국가 경제에 과연 도움이 될까?"

이 질문들 자체가 불합리한 것은 아니다. 하지만 그리스도인들은 이런 논쟁에서 **기독교의 기본 입장은 환대에 있다**는 것을 기억해야 한다. **우리 자신이 그리스도의 십자가에서 그런 환대를 받았기** 때문이다. 물론 우리는 환대 방식이나, 그들이 이곳 북미 문화권에 정착하고 번성하도록 어떻게 도와야 할지를 두고 열띤 논의를 벌일 수 있다. 그리고 그 난민들이 이 낯선 땅에 적응하도록 돕는 일에 상당한 부담과 도전이 따른다는 점 역시 솔직히 인정해야 한다. 하지만 그리스도인들은 기본적으로 환대를 지향하도록 '지음받은' 이들이며, 특히 어려운 형편에 놓인 이들에게 손길을 내밀어야 한다. 이는 하나님이 그리스도 안에서 우리를 그렇게 환대하셨으며, 우리에게도 그렇게 행하라고 명하셨기 때문이다.

그리스도인들은 온 우주를 돌보시는 한 분 하나님이 짧은 생애 끝에 참혹한 죽음을 겪고 예기치 않게 다시 살아난 한 사람 안에서 구체적으로 자신을 드러내셨다고 믿는다. 그 사람은 바로 예수 그리스도이시다. 하나님은 스스로를 모호하게 감추지 않으셨다. (우리와 같이) 온전히 사람이며 (우리와 달리) 온전히 하나님인 그분 안에서, 우리는 이 세상에서 바라볼 수 있는 하나님의 모습들을 온전히 경험했다.

당시 원수인 우리를 향한 하나님의 손길은 그분에 관해 사람들이 지닌 모든 통념을 거스르는 것이었다(이는 지금도 여전히 그러하다). 그때 유대인들은 이렇게 생각했다. '하나님? 그분은 의롭고 거룩하신 분, 지극히 높은 곳에 거하시며 영광스럽고 선하신 분이지. 우리와는 전혀 달라. 하나님은 저 높은 하늘에 계시지만, 우리는 이 낮은 땅에 있지. 그분에 관해서는 아무것도 확실히 말할 수 없어. 그분은 실로 냉담하고 모호하며 무관

심하시니까.'

그때 예수님이 찾아오셨다. 그분은 말씀과 행위로, 하나님에 관해 사람들이 지닌 모든 편견을 논박하고 무너뜨리셨다. 그분은 임마누엘, 곧 '우리와 함께 계신 하나님'이었지만, 그들이 만나고 싶어 한 종류의 신은 아니었다. 그들이 심판과 배척을 기대한 그곳에서, 예수님은 자비와 포용을 실천하셨다. 그 유대인들은 주님이 자신들의 옳음과 내부자 지위를 확증해 주시기를 바랐지만, 그분은 그들의 오만을 심판하고 더 높은 의로 나아갈 것을 촉구하셨다. 예수님은 아무도 구원받을 만하다고 여기지 않던 이들, 아무도 기뻐하고 환영하지 않던 이들을 자신의 식탁에 초대해서 조건 없이 환대를 베푸셨다. 그분은 힘 있고 교만한 자들의 압제에 맞서면서, 따스한 손길로 낮고 비천한 자들을 일으켜 세우셨다. 이처럼 고난과 희생을 감수하면서 사랑을 베풀고 진리의 말씀을 선포하며 고통받는 이들을 자신에게로 늘 이끄신 예수님은 당시 사람들이 기대한 모습과는 매우 다른 분이었다.

바울은 이 기독론의 메시지에 근거해서, 로마 교회를 향해 서로 환대할 것을 명령한다. "그러므로 그리스도께서 우리를 받아 하나님께 영광을 돌리심과 같이 너희도 서로 받으라"(롬 15:7).

그리스도의 십자가는 유대인과 이방인 모두를 신비하고 경이로운 방식으로 연합시켰으며, 이제 그분의 백성 가운데는 민족과 성별, 인종 혹은 계층에 따른 구별이 남아 있지 않다(고전 12:13). 하나님은 고독한 단일자로 남기를 원치 않으셨다. 그분은 본질적으로 자신을 내어 주며 관계를 맺고 소통하시는 분이다. 하나님을 향한 우리의 타자 됨뿐 아니라 그분에 대한 우리의 깊은 적대감 역시 "십자가로 소멸[되었다]"(엡 2:16). 십자가의 능력이 우리의 모든 상상을 뛰어넘을 정도로 크고 위대하기에, 바울은 이렇게 고백했다. "내가 그리스도와 함께 십자가에 못 박혔나니 그런즉 이제는 내가 사는 것이 아니요 오직 내 안에 그리스도께서 사시는 것이라 이제 내가 육체 가운데 사는 것은 나를 사랑하사 나를 위하여 자기 자신을 버리신 하나님의 아들을 믿는 믿음 안에서 사는 것이라"(갈 2:20).

우리 웨슬리주의자들은 이것을 바울처럼 위대한 성도만이 취할 수 있는 영웅적인 삶의 태도로 여기지 않는다. 이는 예수님이 십자가에서 이루셨으며 지금도 성령의 능력으로 날마다 우리 안에서 행하시는 일들에 근거해서, 우리가 바로 이곳에서 따를 수 있는 삶의 방식이다. 하나님의 사랑은 그저 제자리에 머물지 않고 적극적으로 행동하는 성격을 띤다. 그 사랑은 우리가 선으로 악을 이기게 하며, 온갖 분열을 뛰어넘어 다른 이들과 기적적인 연합을 이루도록 인도한다.

위대한 노예 해방 운동가인 프레더릭 더글러스(Frederick Douglass)가 남북 전쟁 발발 이전의 긴박한 시기에 많은 사람 앞에서 연설한 적이 있다. 당시 또 한 사람의 용감한 해방 운동가인 소저너 트루스(Sojourner Truth)가 청중 속에 있었다. 더글러스는 비참한 노예 생활에 시달리던 미국 흑인들의 처지를 생생히 묘사하면서, 백인들이 그들에게 자유를 허락할 여지는 전혀 없다고 단언했다. 그에 따르면, 백인들이 아는 것은 그저 억압과 폭력뿐이었다.

이에 소저너 트루스는 이렇게 부르짖었다. "프레더릭, 혹시 하나님은 죽어 버리셨나요?"

그리스도가 없는 인간 자아는 끊임없이 요동하면서 온갖 위협에 시달린다. 그 자아는 모든 사람과 사물을 이용해서 늘 자신을 방어하며 과시하려고 애써야 한다. 하지만 그리스도와 함께하는 자아는 그 중심이 변화되고 새로운 정체성을 부여받으며, 하나님 안에 안전히 거하게 된다. 바울은 이렇게 고백했다. "이제는 …… 내 안에 그리스도께서 사시는 것이라." 이는 우리의 옛 자아가 완전히 제거됨을 뜻하지 않는다. 다만 이때에는 하나님의 창조 의도에 부합하는 새 자아가 우리 안에 형성되며, 이는 과거의 옛 자아와는 전혀 다른 토대를 지닌다.

복음의 핵심에는 하나님이 그분 자신을 위협적이고 모호한 '타자'가 아니라 부드럽고 친밀한 벗으로 우리에게 알리셨다는 진리가 놓여 있다. 예수님의 십자가에는 하나님의 성품에 대한 계시뿐 아니라 우리를 향한 부르심이 담겨 있다. 하나님은 지금도 위험을 무릅쓰고 우리에게 다가오시며(빌 2장), 우리 없이 이 세상을 구원하기를 거부하신다. 예수 그리스도는 우리를 도우시는 하나님일 뿐 아니라, 놀랍도록 연약한 모습으로 자신이 행하시는 화해의 사역에 동참하도록 우리에게 손을 내미시는 분이기도 하다(고후 5:18).

요한일서는 바울 서신과 거의 같은 태도로 '사랑'을 이야기한다. **'참사랑은 인간의 어떤 선량한 기질에서 비롯되는 것이 아니라, 우리 안에서 우리 본성을 거슬러 행하시는 하나님의 기적적인 행위로서 생겨난다.'** 이것이 바로 그 메시지다. 이 사랑은 오직 그리스도 안에서 시작되며, 그분은 말씀과 행위로 '하나님이 사랑의 근원이심'을 드러내셨다. 이제 서로 간의 사랑은 "먼저 우리를 사랑하[신]" 그 하나님의 사랑에 의존한다.

사랑하는 자들아 우리가 서로 사랑하자 사랑은 하나님께 속한 것이니 사랑하는 자마다 하나님으로부터 나서 하나님을 알고 사랑하지 아니하는 자는 하나님을 알지 못하나니 이는 하나님은 사랑이심이라 하나님의 사랑이 우리에게 이렇게 나타난 바 되었으니 하나님이 자기의 독생자를 세상에 보내심은 그로 말미암아 우리를 살리려 하심이라 사랑은 여기 있으니 우리가 하나님을 사랑한 것이 아니요 하나님이 우리를 사랑하사 우리 죄를 속하기 위하여 화목 제물로 그 아들을 보내셨음이라 사랑하는 자들아 하나님이 이같이 우리를 사랑하셨은즉 우리도 서로 사랑하는 것이 마땅하도다 어느 때나 하나님을 본 사람이 없으되 만일 우리가 서로 사랑하면 하나님이 우리 안에 거하시고 그의 사랑이 우리 안에 온전히 이루어지느니라 …… 사랑 안에 두려움이 없고 온전한 사랑이 두려움을 내쫓나니 두려움에는 형벌이 있음이라 두려워하는 자는 사랑 안에서 온전히 이루지 못하였느니라 우리가 사랑함은 그가 먼저 우리를 사랑하셨음이라 누구든지 하나님을 사랑하노라 하고 그 형제를 미워하면 이는 거짓말하는 자니 보는 바 그 형제를 사랑하지 아니하는 자는 보지 못하는 바 하나님을 사랑할 수 없느니라 우리가 이 계명을 주께 받았나니 하나님을 사랑하는 자는 또한 그 형제를 사랑할지니라(요일 4:7-12, 18-21).

인간의 사랑은 본질상 의존적인 것으로, 그 성격은 우리가 어떤 종류의 신을 섬기는가에 달려 있다. 기독교의 사랑은 하나님을 향한 응답으로 나타난다. "우리가 사랑함은 그가 먼저 우리를 사랑하셨음이라"(요일 4:19). 그리고 "하나님은 사랑이심이라"라는 사도의 진술은 다음 명령으로 이어진다. "우리도 서로 사랑하는 것이 마땅하도다."

요한일서의 이 강설은 당시 안팎으로 여러 위협에 직면한 교회를 향해 선포된 듯하다. 그런 관점에서 볼 때, 사도가 신자들에게 "주위를 경계하라!"라거나 "스스로를 보호하라!" 대신에 **"사랑하라!"**고 강권하는 것은 더욱 인상적이다.

요한일서 4장 18절에서 언급하는 두려움은 구체적으로 하나님의 심판에 대한 것을 가리킨다. 그리스도인들이 그분의 마음을 품고 서로를 대하려고 노력한다면, 마지막 날의 심판을 두려워하지 않아도 된다. 예수님의 본을 좇아 이웃을 사랑할 때, 우리는 "확신"(4:17, 현대어성경) 또는 "담대함"(4:17)을 얻게 된다.

이렇게 사랑할 때, 우리는 그 '타자'가 이방인 혹은 원수에서 형제자매로 변화되는 놀라운 일을 경험한다. 그 과정에서 우리 자신은 사랑의 하나님에게로 더 가까이 이끌림을 받는다. 그리하여 점점 자신의 신앙 고백에 부합하는 존재가 되어 가는 것이다. 이웃 사랑은 우리가 (스스로 만들어 낸 어떤 신이 아닌)

참되고 살아 계신 하나님을 사랑하며 섬기고 있음을 입증해 준다.

내가 교회에서 처음 암송한 성경 구절은 요한복음 3장 16 절이었다. "하나님이 나와 교회, 그리고 내가 속한 부류의 사람들을 이처럼 사랑하사." 그렇지 않다. 이 구절은 이렇게 시작한다. "하나님이 **세상을** 이처럼 사랑하사." 온 세상이 그분에게 속했다. 아무도 모든 이를 끌어안으시는 그분의 넓은 품에서 배제되지 않는다. 때로 어떤 이들이 우리에게 낯설게 여겨지더라도, 하나님은 그들을 낯설게 대하지 않으신다. 어떤 이들이 나 혹은 내 나라의 원수일지라도, 그들이 하나님의 원수인 것은 아니다.

복음은 우리가 자리 잡게 된 은혜의 이야기 속에 '타자'들 역시 위치시킬 것을 강권한다. 실제로 종교 공동체를 비롯한 여러 인간적인 집단은 외부인들을 희생시켜서 자신들을 더욱 높이려는 경향이 있다. 우리는 스스로의 장점만 보고 다른 이들의 장점을 무시하며, 그들과 우리 사이의 차이에 집중하여 자신의 정체성과 존엄성을 강화하려 든다.

요한일서는 우리 곁의 '타자'들을 이와는 다른 시각에서 바라볼 것을 촉구한다. 그들과의 차이를 아예 부정하라는 것이 아니다. 다만 그들의 선하고 복된 부분들을 솔직히 인정하면서 대화와 만남을 이어 가라는 것이다. 하나님이 그들과의 관계를 통해 우리에게 무엇을 가르쳐 주시는지를 찾고 헤아려야 한다. 성경은 하나님이 그리스도 안에서 우리를 대하신 방식대로 그들을 바라볼 것을 권면한다.

가끔 그리스도인들이 '타자'의 문제를 다루면서 그 논의의 근거를 창조에 둘 때가 있다. 곧 그들과 우리는 하나님의 피조물인 온 인류 안에서 하나라는 것이다. 하지만 나는 구속을 강조하는 편이 더 유익하다고 믿는다. 이는 우리가 모두 하나님의 사랑을 입어 예수 그리스도 안에 있는 구원에 참여하게 된다는 관점이다.

플레밍 러틀리지는 '사랑'(loving)과 '봄'(seeing)의 관계를 언급하면서 다음 사례를 들었다. 2005년에 줄리어스 얼 루핀이라는 흑인 남성이 21년에 걸친 무고한 투옥 생활 끝에 버지니아주의 한 교도소에서 석방되었다. 과거에 전부 백인으로 구성된 배심원단은 한 백인 여성을 공격한 혐의로 그에게 유죄를 선고했는데, 이는 오직 그를 범인으로 지목한 그 여성의 증언에 근거한 것이었다. 하지만 오랜 세월이 지난 후, 그는 디엔에이(DNA) 검사를 통해 자신의 결백을 입증하고 마침내 풀려났다.

이때 과거의 배심원단 중 한 명이던 앤 멍은 놀라운 일을 했다. 앤 멍은 루핀에게 편지를 써서 이전에 그를 범죄자로 오인한 일을 깊이 사과했고, 정부 청문회에 참석해서 그가 무고한 투옥에 대한 보상을 받도록 직접 증언했다. 멍은 이렇게 말했다. "나는 루핀 씨의 억울한 투옥에 관해 개인적인 책임을 느낍니다. 다만 미국의 형사 사법 체계에도 얼마간 책임을 물어야만 합니다. 당시 배심원단에는 루핀 씨를 자기 아들이나 형제와 동등하게 바라본 이가 아무도 없었습니다"(Tim McGlone, "State Urged to Pay for 21 Lost Years," *Norfolk Virginia Pilot*, February 4, 2004).

기독교 신앙의 큰 유익 중 하나는 이를 통해 다른 이들을 그리스도 안에서 사랑받는 존재로 바라보게 됨과 동시에, 우리 자신이 하나님과 이웃 모두에게 위협적인 '타자'임을 깨닫게 된다는 데 있다. **나 자신**이 바로 그런 자임을 보여 주려는 것이 기독교 설교의 목표 중 하나다. 이 점을 자각하지 못하면, 다른 이들을 너그럽게 대하려는 우리의 시도는 그저 힘 있는 자들이 무력한 '타자'에게 자신의 특권을 조금 양보하면서 생색내는 일종의 겸양에 그칠 수 있다. 이 사회에서 특권을 누리는 이들(그 안에는 나도 포함된다!)은 주위의 약한 이들에게 약간의 포용을 베풀면서 스스로를 과시하려 들기 쉽다. 그리고 '타자'에 대한 우리의 시각을 재구성해서, 우리가 만들어 낸 '무해하고 사랑스러운' 이미지를 그들 위에 덧씌우려는 유혹도 늘 존재한다.

처음 사역한 교회(조지아주의 한 가난한 카운티에 있는 작고 오래된 교회였다)에서 나는 지역 공동체의 인종적인 평등을 구현하는 일에 전념했다. 당시 우리 교회 회중 가운데에는 유일하게 고등학교를 졸업한 평신도 리더가 있었는데, 그는 애틀랜타의 어느 공장 조립 라인에서 근무하고 있었다.

어느 날 밤, 그가 깊은 슬픔에 잠긴 목소리로 내게 전화했다. 사연인즉슨 그가 십 년간 약속받아 온 승진이 다른 사람에게로 넘어갔다는 것이었다.

나는 이렇게 물었다. "직장 상사가 이 부당한 처사에 관해 뭐라고 변명하던가요?"

"회사에서 더 많은 흑인을 승진시켜야만 하기 때문이라고 하더군요. 이번에 승진한 사람은 우리 라인에서 일한 지 겨우 몇 년밖에 안 됐어요. 제가 그 직책에 더 적임자입니다. 목사님은 늘 모든 사람을 사랑하라고 하셨지요. 계속 노력은 하겠지만, 그러겠다고 약속하기는 어렵네요."

나는 회사 측에서 자신들의 거짓된 행동을 그런 식으로 둘러댄 것을 듣고 상당히 화가 났다. 이와 동시에, 나는 이른바 '인종 정의의 옹호자'로 자처해 온 자신의 모습을 돌아보며 이렇게 생각했다. '나는 다른 인종에 속한 이들 때문에 일자리를 잃거나 승진에서 탈락해 본 적이 없지. 이분이 자기 자리에서 그리스도인답게 살려고 애쓰는 것은 참 인상적인 일이야.'

나는 우리 교단에서 어떤 이들이 '인종 간의 화목'(racial reconciliation)을 언급하는 것을 늘 불편하게 여겨 왔다. 그 표현은 대체로 '사회 주류층인 백인들이 비주류인 흑인들과 화합을 이루는 일'을 의미했기 때문이다. 지금도 양자 간에 뚜렷한 힘의 격차가 존재하며, 이미 여러 세기에 걸쳐 백인들이 온갖 특권을 누려 왔다. 그리고 이 두 집단은 매우 상이한 역사를 소유하고 있다. 이런 상황에서 '화목'을 촉구하는 것은 실제로 존재하지 않는 힘의 동등성을 전제로 삼는 헛된 외침일 뿐이다. 참된 화목은 힘 있는 주류층이 자신들의 긍정적인 자아상을 확보하기 위해 사회적 약자들에게 그 특권을 조금 나눠 준다고 해서 이루어지는 것이 아니다.

이제 이 사실을 알아차렸는가? 우리는 화목을 이루기 위해 필요한 일들을 내가 애써 감당하는 것보다는 상대방이 내 요구에 부응해서 화목을 이루는 것을 늘 더 자연스럽게 여긴다는 것을 말이다. 우리는 늘 화목을 옹호하는 듯이 보이지만, 이는 어디까지나 상대방이 자신의 상처에 대한 보상의 필요를 언급하기 전까지만이다. 예수님은 그저 감상적인 수준에 머무는 사랑을 배격하면서 이렇게 말씀하셨다. "**네 이웃을 사랑하**

고 네 원수를 미워하라 하였다는 것을 너희가 들었으나 나는 너희에게 이르노니 너희 원수를 사랑하며 너희를 박해하는 자를 위하여 기도하라"(마 5:43, 44). 나는 세계 종교학 분야의 저명한 학자인 휴스턴 스미스(Huston Smith)가 이렇게 말하는 것을 들은 적이 있다. "원수를 사랑하라는 예수님의 대담한 명령은 기독교만의 독특한 차별점입니다. 다른 어떤 위대한 종교에서도 그런 명령을 찾아보지 못했습니다."

그리스도인들은 예수님의 성육신 사건에서 (많은 이가 원수로 여긴) 하나님이 친히 우리의 인간성을 취하셨다고 믿는다. 말씀이신 그분은 육신이 되어 우리 가운데 임하셨으며, 자신의 원수들(이는 바로 우리다!)을 사랑하시고 용서하실 뿐 아니라 친밀한 벗이 되도록 부르셨다. 이제 주님은 자신이 우리를 환대하셨듯이, 우리도 나가서 원수들을 환대할 것을 **명령하신다.**

이처럼 원수 사랑을 실천하며 **명령하는** 일은 예수님이 분부하신 신앙의 핵심 요소다. 실제로 하나님이 우리를 용서해 주시는 것만 해도 충분히 놀라운 일이다. 그런데 더 놀라운 일은 나아가 우리의 원수들을 용서하라고 명령하시는 데 있다. 예수님의 말씀에는 대략 이런 뜻이 담겨 있다. "나는 고통스럽고 값비싼 대가를 치르고서 원수인 너희를 용서했다. 이제 너희도 나가서 그렇게 해라."

몹시 분주했던 어느 목요일 오후, 교회 사무실에서 나오는 길에 허름한 옷을 입은 지친 기색의 한 노인과 마주쳤다. 그는 가엾은 노숙자가 분명해 보였다. 그 노인은 내게 이렇게 물었다. "음식 사 먹을 돈 좀 주시겠소?"

나는 이렇게 생각하면서 20달러 지폐를 건넸다. '당신은 내가 성가신 일을 피하려고 주는 이 돈을 술 마시는 데 써 버릴 게 뻔해요.'

노인은 내가 준 돈을 들고 인도로 내려서면서 이렇게 말했다. "내가 고맙다고 인사해 주기를 바라지요?" 나는 그러면 감사하겠다고 답했다.

"하지만 나는 그리하지 않을 거요." 노인은 이렇게 중얼거렸다. "당신이 나를 도와준 건 예수님 덕분이니까. 그분의 손길이 없었다면, 당신은 결코 그리하지 않았을 거요."

나는 마음속으로 예수님에게 이렇게 물었다. '저 양반은 주님을 어떻게 저리 잘 알고 있을까요?' 그러자 그분은 이렇게 답하셨다. '저 사람은 어찌 저렇게 너를 잘 아느냐?'

내 신학적 스승인 칼 바르트(Karl Barth)는 유명한 「로마서」 (복있는사람 역간) 주석에서 하나님을 '간츠 안데레'(*ganz andere*), 곧 '전적인 타자'(Wholly Other)로 지칭했다. 그리고 쇠렌 키르케고르(Søren Kierkegaard)에 따르면, 하나님과 우리 사이에는 '무한한

질적 차이'가 있다. 이는 곧 창조주와 피조물을 갈라놓는 거대한 간극이다.

바르트의 이 표현을 논할 때, 사람들은 대부분 '전적인'에 강조점을 둔다. 하나님은 우리와 전혀 다르다는 것이다. 하지만 나는 그 강조점을 '타자'에 두는 편이 더 성경적인 동시에 많은 그리스도인의 경험에 부합하지 않을까 생각한다. 이는 하나님이 우리의 기대를 철저히 넘어서는 분이기 때문이다. 세상 사람들은 늘 '하나님'이라는 이름에 담긴 의미를 안다고 믿었다. 하지만 "길이요 진리요 생명"이시며 성부께 나아가는 유일한 길이신 예수님이 찾아오셨을 때(요 14:6), 우리는 하나님에 관한 이전 개념들을 전부 수정해야 했다. 예수님의 여러 행적에서 사람들의 생각과는 다른 하나님의 참모습이 생생히 드러났기 때문이다. 한 사람의 유대인으로 오신 그분은 자신을 배척하는 사람들을 향해 깊은 사랑을 품고 십자가에서 두 팔을 펼친 채 숨을 거두셨다.

가톨릭 신학자인 한스 우르스 폰 발타자르(Hans Urs von Balthasar)가 말했듯이, 성경은 우리의 구원을 늘 하나님의 저돌적인 사랑과 인간의 망설이며 회피하는 태도, 그분의 따스한 손길과 인간의 냉담한 거부가 어우러진 하나의 신적인 드라마로 제시한다.

어느 날 오후, 나는 한 교수와 함께 신학부 건물을 나와서 본관 앞마당으로 걸어가고 있었다. 이때 그가 이렇게 물었다. "제가 우리 주님의 신성에 대한 가장 큰 증거로 여기는 일이 무엇인지 아십니까?" 그것은 조금 이상한 질문이었는데, 당시 정황을 염두에 둘 때는 더욱 그러했다. 그때 내가 재직하던 학교에서는 연례 축제인 '옥토버페스트'가 열리고 있었다. 이른 오후였지만, 학생들은 이미 교내 곳곳에 둘러앉아 술을 마시면서 흥겹게 떠들고 있었다.

"그것은 바로 이 성경 구절입니다. '무리를 보시고 불쌍히 여기시니'(마 9:36_ 옮긴이). 저는 저 이교도들의 난동을 볼 때마다 지팡이로 한 대 내려치고 싶거든요!" 물론 그의 말은 농담이었지만, 그 속에는 깊고 진지한 의미가 담겨 있었다. 이것은 우리가 타자들을 바라보는 방식과 예수님이 그리하시는 방식 사이의 거대한 차이를 드러내 주었기 때문이다.

'하나님'을 언급할 때, 우리는 그분을 그저 우리 자신의 원대한 관념과 깊은 갈망이 투영된 일종의 허구적인 존재로 여겨서는 안 된다. '하나님'은 우리와 유사한 동시에 우리 자신의 가치관을 훨씬 근사한 방식으로 드러낼 뿐인 어떤 존재를 가리키지 않는다. 하나님은 우리와 본질적으로 다른 '타자'이시다. 하나님에 관해 이야기하고 그분 말씀에 귀 기울일 때, 우리는 그저 '신성'에 관한 우리 자신의 개인적인 관념들을 되새기는 것이 아니다. 오히려 우리는 전적인 '타자'이신 그분과 대화하는 것이다. 이때 하나님은 자신의 '타자' 됨을 조금도 약화시키지 않으면서 우리와 소통하고 교류하시며, 그분의 낯선 본성들을 우리 앞에 나타내 보이신다.

하나님과 소통할 때, 우리는 그저 우리 자신의 모습을 이상적으로 투영한 어떤 가상의 존재에게 말을 건네면서 독백하는 것이 아니다. 그분은 우리의 응답을 기대하면서 실제로 말씀하시며, 우리는 그 음성에 진지하게 귀 기울여야 한다. 그분과 우리 사이에 아무 차이가 없다면, 대화는 불가능하다. 우리는 스스로에게 말을 걸 수 없기 때문이다. 누군가와의 대화에는 늘 명확한 요구가 따른다. 바로 그 타자의 말을 경청해야 한다는 것이다. 자신이 듣고 싶은 내용을 그가 억지로 말하게끔 하거나, 그의 말뜻을 우리 마음대로 단정 지어서는 안 된다. 타자와의 대화는 늘 위험이 따른다. 그 과정에서 우리 자신이 변화되며, 우리가 결코 원치 않던 말들을 들을 수도 있기 때문이다. 이때 우리는 상대방의 말에 진지하게 귀 기울여야 하지만, 대부분 자기 말을 늘어놓는 편을 선호한다. 그럼으로써 자신과 타자의 삶에 대한 통제권을 유지할 수 있기 때문이다.

삼위일체론에 따르면, 성부와 성자, 성령 하나님은 하나로 연합된 상태로 계심과 동시에 서로 온전한 교제를 나누신다. 이 세 분은 각자 구별되는 '위격'으로, 고유한 정체성과 성향을 소유하신다. 그런데 이 세 위격이 한 분 하나님인 것이다.

성부도 하나님이고 성자도 하나님이며 성령도 하나님이다. 그리고 이 하나님은 오직 한 분이다. 듀크 대학교 예배당 강단에는 라틴어로 이런 문구가 새겨져 있다. "성부는 성자이신 동시에 성자가 아니시며, 성자는 성부이신 동시에 성부가 아니시다. 그리고 성부와 성자는 성령이신 동시에 성령이 아니시다."

기독교 신앙의 과제 중 하나는 하나님이 우리와 친밀히 교제하심을 확언하는 동시에 그분의 타자 됨을 온전히 고백하는 데 있다. 우리는 삼위일체 하나님의 존재를 우리 스스로 고안해 낼 수 없었음을 인정하면서 그분의 경이로우심을 늘 찬미해야 한다. 하나님은 그저 우리의 영적인 갈망을 투사한 것보다 무한히 크시며, 우리 스스로는 결코 원하지 않았을 무모한 일들을 우리에게 명령하신다. 그분이 우리를 늘 아끼고 돌보시지만, 우리와 동일한 수준에 속한 존재는 아니시라는 점을 인정해야 한다. 하나님의 본성은 관계 맺음에 있으며, 그렇기에 그분은 낯선 '타자'들을 늘 진심으로 환대하신다.

요한일서의 "사랑이 두려움을 내쫓나니"라는 말씀에 앞서,

신약에서 우리는 예수님을 두려워하지 말라는 명령을 거듭 접하게 된다. 조금 이상하지 않은가? 천사 가브리엘은 마리아에게 나타나 예수 그리스도를 잉태할 것을 예고할 때 "무서워하지 말라"고 말했다(눅 1:30). 그리고 그 남편 요셉도 같은 말을 들었다. "다윗의 자손 요셉아 ······ 무서워하지 말라"(마 1:20). 천사들은 들판에 있던 목자들에게도 그렇게 권고했다. 이후 예수님이 폭풍우가 몰아치는 갈릴리 호수의 제자들 앞에 나타나셨을 때, 그분은 이렇게 말씀하셨다. "나니 두려워하지 말라"(마 14:27). 그리고 부활하신 주님은 제자들에게 이렇게 말씀하셨다. "무서워하지 말라 가서 내 형제들에게 갈릴리로 가라 하라 거기서 나를 보리라"(마 28:10).

우리는 이처럼 사람들이 낯선 '타자'보다도 예수님을 더 두려워하던 때가 있었음을 기억해야 한다.

내가 아는 어느 교회는 전도와 환대, 봉사보다 보안 문제(주일 예배 시에 정복 차림의 경비원을 배치하고 시시 티브이[CCTV]와 경보기를 설치하는 일 등)에 더 많은 예산을 쓴다. 하지만 회중의 연령층을 고려할 때, 그 교회는 앞으로 십 년 안에 문을 닫을 형편에 처해 있다.

그리스도의 몸인 교회의 성격상, 낯선 이들을 의심하고 배척하는 것보다는 그 문을 모든 이에게 개방하고 환대하는 편이 궁극적으로 더 많은 유익을 가져다준다. 예수님을 실망시키는 일보다 '타자'의 위협을 더 겁낼 때, 우리는 결국 값비싼 대가를 치르게 된다.

1. 저자는 이렇게 말한다. "기독교의 설교와 교회 생활이 지닌 중요한 기능은 **'우리' 자신**을 '타자'의 자리에 서 보게 만드는 것이다. 우리는 하나님의 원수였[던 이들이다.]" 여러분의 삶에서 하나님과 분리되거나 홀로 소외된 시기는 언제였는지 설명해 보라. 당시 여러분은 자신의 '타자' 됨을 어떻게 자각했는가? 여러분은 하나님이 '타자'라는 점을 어떻게 받아들이는가?

2. 이 책의 중심 성경 본문은 요한일서 4장 18절이며, 그 구절에는 다음 어구가 담겨 있다. "두려움에는 형벌이 있음이라." 이에 관해, 저자는 이렇게 말한다. "우리는 '타자'에 대한 깊은 공포심에 매인 나머지, 그들을 우리에게서 떼어 놓고 더 효과적으로 억압하고 착취하거나 추방하고 감금할 방법을 찾으려고 애쓴다. 우리 자신과 아무 이해관계나 연관성이 없어 보이는 그들에게 상처를 주고 그들을 부당하게 대우하며 차별하는 것이다." 여러분 자신의 삶이나 여러분이 속한 교회와 지역 공동체, 혹은 나라 전체에서 이처럼 자신(들)의 두려움 때문에 다른 이를 위협한 사례를 떠올려 보라.

3. 저자에 따르면, 대부분의 그리스도인은 이렇게 생각한다. '[하나 님은] 의롭고 거룩하신 분, 지극히 높은 곳에 거하시며 영광스럽 고 선하신 분이지. 우리와는 전혀 달라.' 과연 이것은 하나님과 인간 사이의 관계를 바르게 이해하는 방식일까? 성경은 어떤 사 고방식을 옹호하는가?

4. 여러분이 속한 교회는 공동체의 안전과 보호를 위해 어떤 보안 정책을 채택하고 있는가? 그 정책은 교회 바깥에 있는 이들에게 어떤 인상을 줄까? 우리가 공동체의 안전을 조건 없는 환대와 적 절히 조화시킬 방법은 무엇일까?

2장

타자, 나의 적

힌두교의 베다에는 캄캄한 방 안에 들어선 한 남자의 이야기가 담겨 있다. 그는 구석에 뱀 같은 것이 똬리를 튼 모습을 보고 소스라치게 놀란다. 그는 독사가 언제 공격해 올지 모른다는 공포심에 휩싸이지만, 도망치려는 충동을 억누르고 한 걸음 다가서서 그것을 자세히 살핀다. 그 결과, 사실은 그것이 한 무더기의 밧줄일 뿐임을 깨닫는다.

베다에 따르면, 철학의 목적은 바로 여기에 있다. 우리가 알지 못하는 대상에 대한 위협감을 해소하여 세상에 대한 두려움을 누그러뜨리려는 것이다. 우리가 그 참모습을 파악할 때, 세상은 덜 무섭고 어느 정도 견딜 만한 곳이 된다.

'타자'에 대한 두려움보다 자연스럽고 선천적이며 보편적인 감정이 있을까? 우리에게는 본성적으로 자기 종족 가운데 안주하려는 경향이 있으며, 이 경향은 상당한 유익을 가져다 주기도 한다. 이 점에 비추어 볼 때, 이스라엘의 역사 초기부터 하나님이 그 백성에게 '이민자(immigrant)들을 너희 자신과 같이 사랑하라'고 명령하신 것은 매우 놀라운 일이다. "거류민(immigrant)이 너희의 땅에 거류하여 함께 있거든 너희는 그를 학대하지 말고 너희와 함께 있는 거류민을 너희 중에서 낳은 자같이 여기며 자기같이 사랑하라 너희도 애굽 땅에서 거류민이 되었었느니라 나는 너희의 하나님 여호와이니라"(레 19:33, 34). "네 이웃을 네 자신같이 사랑하라"(마 22:39)라는 명령도 우리 본성에 어긋나지만, 낯선 **"이방인"**(alien, 레 19:34, NRSV)까지 그리하라는 것은 이 세상의 사고방식과 완전히 상반된다.

성경 전체의 가르침에서 '이민자들을 압제하지 말라'는 명령과 가나안 족속 등의 이방인들을 배척하고 추방하라는 명령 사이에는 얼마간의 긴장이 존재한다(초기 미국의 설교자들은 흔히 아메리카 원주민을 '가나안 족속'으로 부르면서 유럽인들의 북미 대륙 정복을 성경적으로 정당화하려 했다). 하지만 이방인들을 받아주고 용납할 뿐 아니라 **사랑하기까지** 하라는 레위기의 명령은 여전히 인상적이다.

'이방인'이라는 개념은 구약과 신약 모두에서 흥미로운 역할을 한다. 가룟 유다는 예수님을 배신한 뒤, 그 대가로 받은 서른 닢을 성소에 던져 넣고 목을 매어 자살했다. 마태에 따르면, 앞서 유다에게 돈을 준 제사장들은 그 '핏값'을 하나님의 일에 쓰기를 원치 않았다. 그들은 그 돈으로 어느 밭을 사서 "나그네의 묘지"(여기에는 외국인, 이민자, 이방인을 지칭하는 헬라어 '크세노이'[xenoi]가 쓰였다)로 삼았다. 유다의 시체는 그 이민자와 이방인들 사이에 묻혔으며, 이로써 그는 열두 사도에 속하지 않던 자임이 확증되었다(마 27:3-10을 보라).

마태복음 25장에서 예수님은 장차 세상의 모든 민족이 심판을 받아 양과 염소로 분리될 것을 비유로 말씀하셨다. 그 비유에서 보좌에 앉은 인자는 자신의 복된 양들을 이렇게 칭찬하신다. "내가 …… 나그네(xenos) 되었을 때에 [너희가] 영접하였[다]"(마 25:35). 이는 실로 놀라운 말씀이다. 그들이 낯선 이들을 환대할 때, 자신들도 모르게 인자이신 주님을 영접한 것이다.

에베소서는 새롭게 그리스도인이 된 이들을 향해 기쁨으로 이렇게 선포한다. "이제부터 너희는 외인도 아니요 나그네도 아니요 오직 성도들과 동일한 시민이요 하나님의 권속이라"(엡 2:19). 한편, '타자' 혐오증을 뜻하는 '제노포비아' (xenophobia) 역시 '이방인'을 가리키는 헬라어에서 유래했다.

'제노포비아'의 신경 생물학

'제노포비아'는 역사적인 현상인 동시에 생물학적인 현상이기도 하다. 신경 과학자들에 따르면, 우리가 대면하는 어떤 사건이나 사람이 과연 우리에게 도움이 될지를 우리 뇌가 매 순간 쉬지 않고 판단한다. 이때 이 판단은 그 사건이나 사람이 **위험을 최소화하거나 보상을 극대화하는지** 여부에 근거해서 이루어진다. 우리가 낯선 이를 마주할 때, 수백만 년 동안 인간의 뇌에서 원시적이고도 강력한 방어 기제 역할을 감당해 온 편도체가 작용한다. 그리하여 그 사람이 우리에게 유익을 끼치는 존재인지, 아니면 잠재적인 위협 요소인지를 금세 판단하는 것이다. 이를 통해 우리는 그에게 '다가서거나' 혹은 '멀어지려는' 욕구를 품게 된다. 이처럼 낯선 이와의 만남에는 친구들과의 만남보다 많은 두뇌 활동이 요구되는데, 후자의 경우에는 긴장과 경계 태세를 내려놓고 친숙한 이들 곁에 앉아서 편안히 쉴 수 있기 때문이다.

위험에 대한 신경학적인 반응은 보상에 대한 반응보다 신속하고 강렬하게 나타나는 동시에 오래 지속되며, 다른 것으로 대체되기 어렵다. 우리 뇌의 (감정을 담당하는) 변연계 전체에 관여하는 강도의 측면에서 두려움은 다른 모든 감정을 능가하며, 인간의 성욕처럼 강한 욕망들조차 그것에 미치지 못한다.

과학 전문 작가인 데이비드 락(*Your Brain at Work* [New York: HarperCollins, 2009])에 따르면, 우리 뇌의 변연계는 위험 앞에서 본능적으로 강렬한 반응을 유발하는 일련의 '비상 신호'들을 통해 활성화된다. 수백만 년에 걸친 진화와 사회적 조건화 과정에 근거해서, 우리 뇌는 잠재적인 보상을 줄 이들에게는 다가서고, 위협적인 존재로 인식되는 이들에게서는 도망치라고 지시한다.

락이 인용하는 한 연구에 따르면, 우리가 어떤 위협을 마주할 때는 다음 결과들이 나타난다. 곧 (1) 우리의 사고가 모호해지고, (2) 새로운 정보를 받아들이고 소화하는 데 어려움을 겪으며, (3) 인식과 해석의 오류를 범하여 그릇된 추론을 내리고, (4) 당면한 상황에 부정적으로 반응하면서 어떤 일의 단점에만 집중하고 굳이 위험을 감수하려 들지 않는 것이다.

나는 미국 총기 협회(NRA)의 대변인이 총기 관련 법률 개정에 반대하는 연설을 들은 적이 있다. 그에 따르면, 광범위한 총기 소유만이 미국인을 증오하며 해치려 드는 이슬람 테러리스트들에게서 우리를 지켜 줄 수 있다.

그 말이 옳다면, 미국인들은 군대를 유지하는 데 드는 수십억 달러의 세금을 돌려달라고 해야 할 것이다. 지난 백 년 동안, 어떤 학교 선생님이나 회계사가 고작 권총 한 자루를 들고서 누군가를 테러리스트에게서 지켜 낸 일이 있었던가? 그 대변인은 집집마다 총을 구비해 두어야 한다고 강변하지만, 이는 사실에 근거한 주장이 아니다. 그것은 그저 총기 협회가 우리의 인간적인 두려움을 교묘히 이용하고 있음을 드러낼 뿐이다. 아니면 우리는 이들의 터무니없는 주장까지도 뇌의 변연계가 무너진 모습을 보여 주는 한 사례로 여기고 너그러이 받아들여야 할까?

어떤 위협이 닥쳐올 때, 우리 몸은 안전을 확보하기 위해 신경계 내부로 아드레날린을 분비한다. 그리하여 우리는 더 강한 확신을 품고 어떤 판단을 내리지만, 실제로는 은밀한 두려움 때문에 올바른 결정을 내릴 능력이 상당히 저하된 상태에 놓인다. 이때 우리는 외부의 위협 앞에서 더 방어적이고 덜 사려 깊은 방식으로 반응하게 된다. 깊은 불안감에 빠져 일종의 비상 체제에 돌입하며, 오직 자신의 생존에만 몰두하게 되는 것이다.

오랜 진화 과정에서 우리 뇌는 늘 주위를 경계하며 스스로를 보호하는 데 전념하게끔 발전되었다. 이는 인간의 생존 자체가 매일 위협받던 시절에는 충분히 이해할 만한 일이었다. 당시에는 숲속에서 바스락거리는 소리만 들려도, 뇌의 변연계가 신속히 작동해서 우리 몸 전체가 고도의 경계 태세를 취해야 했기 때문이다.

하지만 예전에 유용하던 이 대응 기제들이 오늘날에는 치명적인 판단 실수의 원인으로 변질되었다. 그런 실수들 가운데는 '타자'에 대한 엉뚱한 생각과 비합리적인 두려움, 왜곡된 의식 등이 포함된다.

수천 년에 걸쳐 자신이 속한 종족 가운데 안주하는 동안, 우리는 (그렇지 않음이 입증되기 전까지는) 모든 이방인을 적으로 여기는 습관을 고수하게 되었다. 하지만 서로 긴밀히 소통하고 의존하는 현대 세계에서 타인에 대한 이 막연한 경계심은 우리에게 큰 부담을 줄 수 있다.

우리에게는 명확한 사고와 판단이 필요하다. 그래야 겁에 질린 무고한 시리아 난민들을 증오와 복수심에 찬 테러리스트들과 제대로 구별할 수 있다. 하지만 우리는 정체 모를 두려움에 휩싸인 나머지, 다음과 같이 근거 없는 일반화를 시도하게 된다. "시리아인은 전부 ……다." 어리석게도 모든 시리아 사람을 한데 뭉뚱그려 생각하면서 불의한 자들과 선량한 피해자들을 바르게 구분 짓지 못하는 것이다.

지금 이라크의 그리스도인들은 그 나라를 완전히 바꾸어 놓으려는 미국의 무모한 노력 때문에 큰 대가를 치르고 있다.

미국은 이라크인들 사이에 존재하는 깊은 종교적, 민족적, 역사적 차이를 미처 분간하지 못했으며, 그들 각자의 고유한 정체성을 적절히 존중하지 못했다. 그리고 이는 심각한 문제들을 불러왔다.

우리가 타인에 대한 두려움에 사로잡힐 때, 코르티솔 호르몬이 뇌의 변연계에 급속히 분비되어 모든 기능을 지배하게 된다. 그로 인해 우리 뇌는 오직 그 위협적인 대상에게서 '멀어지는' 데에만 집중하고 전념하게 된다.

이 '두려움'의 신경 생물학은 우리가 그리 심각하지 않은 위협 앞에서도 과도한 두려움을 품는 이유를 설명해 준다. 탁월한 저서인 「두려움의 문화 속에서 예수 따르기」(*Following Jesus in a Culture of Fear* [Grand Rapids, MI: Brazos, 2007])에서 스콧 베이더 세이(Scott Bader-Saye)는 다음 내용들을 지적한다. 그에 따르면, 현재 미국인의 주요 사망 원인 세 가지는 심장병, 암, 뇌졸중이다. 하지만 우리는 테러리스트와 소아 성애자, 비행기 추락과 광우병, 조류 독감 등을 더 두려워한다는 것이다. 지금은 범죄율이 점점 하락하는 추세지만, 미국인 중 3분의 2는 범죄가 오히려 늘고 있다고 믿는다. (내가 속한) 노년층은 폭력의 희생자가 되는 것을 가장 겁내지만, 실상 그들은 그 범죄로 피해를 볼 가능성이 가장 낮다(이 문제에서 가장 취약한 계층은 젊은 남성들이다).

사람들이 총기 구매를 정당화하는 주요 근거는 악인들에 맞서 스스로를 지킨다는 것이다. 하지만 누군가가 총에 맞아 숨지는 경우, 그 원인은 대부분 친구 또는 가족의 총기 오발이나 집안 다툼, 혹은 자살 등이다.

열성적인 텔레비전 시청자들은 다른 이들보다 자신의 동네가 안전하지 않다고 여길 가능성이 높다. 그들은 범죄율이 계속 증가하는 중이라고 단정 짓고, 자신이 피해자가 될 가능성을 지나치게 과대평가한다. 그리하여 총기 소유자가 되는 것이다.

사람들이 동성 간의 연합을 '가정에 대한 위협'으로 여기며 반대하는 일도, 내게는 일종의 비합리적인 공포증으로 보인다. 목사로서 나는 어떤 가정이 그런 연합 때문에 깨어지는 일을 본 적이 없다. 결혼의 가장 큰 적은 오히려 다른 이성과의 불륜이다.

두려움의 크기와 물질적인 부의 정도 사이에는 일종의 상관관계가 있는 듯이 여겨진다. (우리 가족이 작은 감리교 목회자 사택에 살 때는 경비원이나 경보 체계의 필요를 거의 느끼지 못했다.)

문제는 우리가 두려움을 느끼는 일 자체에 있지 않다. 다만 우리의 두려움이 종종 왜곡되어 있으며, 자주 지나친 두려움에 사로잡힌다는 것이 문제다. 이런 두려움이 좋지 않은 이유는 그로 인해 우리 삶의 초점이 선한 일을 추구하기보다 해롭고 악한 일을 피하는 데에만 편중되기 때문이다.

베이더 세이는 어떤 이들이 우리의 두려움을 조종하고 부추기려 드는 것을 '공포심을 조장하는 태도'로 지칭한다. 정치인과 광고주, 때로는 종교 지도자들까지 이 두려움을 강력한 동기 유발의 근원으로 삼으며, 자신의 이익을 위해 다른 이들을 착취하는 수단으로 이용한다.

두려움을 훈련하다

두려움은 강력하고 비자발적인 성격을 띠지만, 우리는 어느 정도까지 이 감정을 의식적으로 통제할 수 있다. 락이 인용하는 연구들에 따르면, 자신의 두려움을 인식하고 그 실체를 구체적으로 규정할 때 변연계의 공포심 유발 지수가 상당히 완화된다.

내 친구 중 하나는 심한 비행 공포증에 시달리다가 마침내 그룹 상담을 받게 되었다. 첫 시간에, 치료사는 이렇게 그를 격려했다. "여러분이 부담을 무릅쓰고 이 상담 과정에 등록했을 때, 이미 80퍼센트 정도는 해결된 것이나 다름없습니다. 어린 시절에 자기 집 지하실에 내려가기를 겁내던 때를 기억하시나요? 그때 그 두려움을 어떻게 극복했나요? 아마 어머니가 여러분 손을 잡고 함께 내려가서, 무서워할 이유가 전혀 없음을 보여 주셨을 것입니다. 지금 이 과정에서 제가 하려는 일이 바로 그것입니다."

자신의 두려움을 의식적으로 숙고하도록 뇌를 길들일 때, 우리는 전반적으로 더 큰 행복감을 누릴 수 있다. 자신의 두려움을 어떻게 대할지를 선택할 수 있다는 느낌은 이 문제의 강력한 해결책이 된다. 위협적인 '타자'를 긍정적인 방식으로 재평가하려 할 때, 우리 뇌의 변연계는 그 대상에게 더 가까이 '다가가는' 방향으로 변화된다. 이는 그 '타자'를 밀어내지 않고 오히려 끌어당기는 행위로, 이를 통해 우리 안에 뚜렷한 신경화학적인 변화가 생긴다. 그리하여 우리는 더 명료하게 생각하고 담대히 행동하게 된다.

미국 총기 협회 부회장인 웨인 라피에르가 대통령과 법무장관 등 자신을 반대하는 이들을 향해 증오의 말들을 쏟아 낼 때, 나는 깊은 분노를 느꼈다. 하지만 이후에 그의 연설문 중 일부를 찾아 읽은 뒤, 나는 한편으로 그가 참 딱하고 안됐다는 마음을 품게 되었다. 라피에르는 해마다 1백만 달러의 연봉을 받지만, 여전히 미국에서 가장 깊은 공포심에 시달리는 듯이 보인다. 이는 어떤 이의 삶이 타자를 향한 혐오에 지배될 때, 그로 인해 막중한 대가를 치르게 됨을 보여 준다.

지금 신경 과학자들은 기대를 품는 일이 우리 뇌 기능에 끼치는 영향을 조금씩 알아 가고 있다. 락에 따르면, 기대는 어떤 일에 대한 보상이 주어지리라는 전망 아래 생겨나는 감정이다. 이는 무언가 좋은 사건 또는 사람과의 만남이 우리 앞에 다가오고 있다는 본능적인 감각으로 정의될 수 있다. 이 '기대'는 우리로 어떤 대상을 향해 '나아가게' 만드는 주된 요인이 된다.

다른 한편으로, 부정적인 기대는 타인들의 위협 가능성을 실제보다 과장하게 만드는 경향이 있다. 이는 경찰의 인종별 프로파일링 데이터에서도 드러나는 바와 같다. 어떤 이가 범죄자일 가능성이 높다고 여겨질 경우, 우리는 그 사람을 일종의 사기꾼으로 대하게 된다.

그저 '인간적인' 현상?

이 신경학적인 연구들을 통해 '타자'에 대한 우리의 본능적인 두려움에 생물학적이며 생리적인 근거가 있음이 드러날 때, 우리는 그 두려움을 그저 '인간적인' 현상으로 받아들여야 할까? 수백만 년에 이르는 발달 과정을 거쳐 우리 신체와 뇌 속에 깊이 자리 잡은 그 성향에 굳이 맞서 싸워야 할 이유는 무엇일까?

아마 이 점에서 당신은 나보다 강한 의구심을 품을 것이다. 사람들은 흔히 이렇게 생각한다. '역사적으로 볼 때, 기독교는 완전히 자연스럽고 진화적인 측면에서도 적절한 인간의 여러 본성적인 성향을 늘 정죄하고 대적하며 억눌러 왔다.' 이제껏 교회가 인간의 보편적인 기질, 곧 많은 상대와 성관계를 맺거나 타인을 시기하고 그들의 소유를 훔치려 드는 일, 거짓말을 하거나 각종 음행을 저지르는 일 등을 전부 '죄'로 규정하면서 탄압해 왔다는 것이다.

교회는 하나님이 우리를 우리 자신의 생물학적이며 유전적인 기질대로 방치하지 않으셨음을 기쁨으로 선포한다. 하나님은 우리에게 은혜를 베푸셔서, 그리스도를 영접하지 않았을 때보다 유익하고 신실한 삶을 살아가게 하신다. 웨슬리주의 전통에서 늘 강조해 온 바에 따르면, 우리는 두려움과 정욕, 탐심과 교만 등 온갖 악한 주인들의 지배 아래 예속된 채로 태어났다. 하지만 그리스도께서 우리 안에 역사하셔서 우리를 그분의 성도로 변화시켜 가신다는 것이다. 이 전통에서 말하는 '은혜'는 우리로 예수님의 신실한 제자가 되게 하시는 하나님의 능력이다. 그리하여 우리는 그리스도의 사랑으로 강권받지 않던 때와는 다른 모습으로 살아가게 된다(고후 5:14). 논의의 편의를 위해, 여기서는 자주 논쟁의 대상이 되는 웨슬리주의의 '성화' 개념을 이렇게 정의하려 한다. "우리의 유전적인 본성에 뿌리박힌 것보다 나은 존재가 되게 하시는 하나님의 능력."

여기서 내 귓가에 사람들의 강력한 항변이 들려오는 듯하다. 그들은 대부분 그리스도인이 '현실적인' 자세를 취해야 한다고 말하면서 다음과 같이 주장한다.

"예수님은 우리가 사랑을 베풀기를 바라지 않으셨어요. 그저 정의롭게 행하라고 요구하셨을 뿐입니다."

"우리는 늘 이렇게 해왔고, 앞으로도 그리할 겁니다."

"그들과 우리 중에 어느 한쪽은 없어져야 합니다."

"그들이 우리에게 가한 악행에 대해서는 일말의 동정심도 없이 신속하고 강력하게 보복해야 합니다."

"그들의 땅에 융단 폭격을 가해서 나라 자체를 소멸시켜야 합니다."

"총을 든 악인을 막을 길은 우리도 총을 잡는 것뿐입니다."

"그들이 우리를 이렇게 만들었습니다. 그들도 알 겁니다.

이것은 그들이 자청한 일입니다."

"그 성향은 선천적으로 내 유전자 속에 새겨져 있습니다."

"그들은 늘 우리 원수였고 앞으로도 영원히 그러할 것입니다. 아멘."

이런 반론들은 그리스도인들이 비현실적이며 지나치게 이상주의적인 성향을 띤다는 것을 암시한다. 그런데 이때 그 '현실'을 규정하는 이는 과연 누구일까? 그리스도인들은 결국 그 권한이 **예수 그리스도의 것**임을 고백한다. 용서는 우리가 별 피해를 보지 않았을 때나 이따금 실천할 이상이 아니며, 다른 이들에게서 최선의 반응을 끌어내기 위한 일종의 기술도 아니다. 그것은 우리를 용서하신 하나님이 이 우주의 도덕적인 구조 자체에 심어 놓으신 하나의 본질적인 특성이다.

경계심을 누그러뜨리고 국경을 개방하며, 장벽 대신 다리를 건설하는 일들은 실로 바람직하다. 하지만 타자에 대한 본성적인 적대감 때문에, 우리는 결국 방어적인 태도를 품게 된다. 자신의 행동을 '흑인들의 분노'에 대한 자기 보호의 일환으로 정당화하는 이들은 이렇게 말한다. "우리 가족은 노예를 두어 본 적이 없습니다." 또 어떤 이들은 이렇게 변명한다. "과격한 무슬림들이 생겨나게 만든 것은 내가 아니에요." 그들의 이런 말 속에는 다음 의미가 담겨 있다. "우리는 인간이기에 이렇게 할 뿐입니다."

하지만 이러한 자기 정당화는 결국 여러 악한 결과를 낳는다. 기독교의 창의성을 억누르고 하나님의 은혜를 훼손하며 예수님의 명령을 무효화하는 죄들이 바로 그것이다. 미로슬라브 볼프(Miroslav Volf)에 따르면, 타인에게 악을 저지른 자가 "나는 그렇게 행동할 수밖에 없었다"고 말하는 것 자체가 일종의 선택이다. "그들과 우리 중에 어느 한쪽은 없어져야 한다"거나 "우리 권리를 그들에게 절대 양보해서는 안 된다"라는 주장 자체가 하나의 의지적인 행위다. 우리는 악한 세상에서 이리저리 휘둘리는 불운한 희생자에 그치지 않는다. 하나님은 우리에게 자신의 행위를 선택할 인격적인 주체성을 주셨으며, 예수님은 우리 각자에게 이렇게 말씀하신다. "나를 따르라!" 우리는 사회적 관습에 휩쓸릴 필요가 없다. 물론 우리 인간들은 다른 동물들과 마찬가지로 '타자에 대한 두려움'이라는 타고난 생존 본능을 지닌다. 하지만 동물들과 달리 우리는 '타자'에 맞서 싸우거나 도망가는 일, 그에게 다가가거나 멀어지는 일, 그를 밀쳐 내거나 포용하는 일 중 어느 한쪽을 의식적으로 선택할 수 있다. 논의의 편의를 위해, 여기서는 기독교를 이렇게 간략히 정의하려 한다. "하나님의 은혜로 **우리에게 선택권이 있**

다는 복된 소식."

소통을 위해 창조되다

기독교의 가르침에 따르면, 우리는 죄를 향한 경향을 지닐 뿐 아니라 하나님의 형상으로 지음받은 존재이기도 하다. 우리는 적을 두려워하며 잠재적인 타자의 위협을 회피하려는 자신의 유전적이며 진화적인 본능에만 초점을 둘 필요는 없다. 또한 우리 자신이 사회적 소통을 추구하는 존재로 만들어졌다는 신경학적인 증거들에 주목해야 한다.

누군가를 (위협이 아닌) 잠재적인 보상의 원천으로 여길 때, 우리는 그 곁에서 편안한 마음으로 쉼을 누리게 된다. 그러고는 다양한 자극을 주의 깊게 고려하면서 여유 있고 명쾌한 방식으로 생각하고 판단하는 것이다. 자신의 책 「행복 가설」(*The Happiness Hypothesis* [Cambridge, MA: Basic Books, 2006])에서 조너선 하이트(Jonathan Haidt)는 뇌에서 옥시토신이 분비될 때 우리 마음속의 행복감이 고조된다고 언급한다. 이때 혈압은 내려가고, 삶의 만족도가 증가한다.

하이트에 따르면, 행복의 가장 큰 요인은 바로 사회적인 관계들에 대한 긍정적인 느낌에 있다. 주위의 벗과 이웃, 가족과 좋은 관계를 유지할 때, 자기 삶이 복되다고 믿게 되는 것이다. 여러 연구는 우리 자신의 **기대**가 경험의 내용 자체를 바꾸어 놓는다는 점을 뚜렷이 보여 준다. 한 실험에서 의사가 시술을 진행하면서 어떤 환자 집단에는 "전혀 아프지 않을 것"이라고 말해 주었다. 하지만 다른 집단에는 "꽤 아플 것"이라고 말했다. 이때 전자에 속한 이들은 후자의 경우보다 절반밖에 되지 않는 고통을 느꼈다고 진술했다. 이 두 집단이 실제로 시술받는 동안 그들의 뇌를 검사했더니, 전자의 경우에는 일반적으로 고통에 반응하는 뇌 영역의 활동이 뚜렷이 감소하는 모습을 보였다. 이처럼 우리 마음속의 기대는 뇌의 신경 화학적인 작용까지 바꾸어 놓는다. 긍정적인 기대감은 모르핀을 투여하는 것만큼이나 강력한 방식으로 우리 뇌가 기쁨을 느끼게끔 만든다. 그러므로 '타자'에 대한 우리 자신의 기대는 우리가 그 '타자'를 경험하는 방식도 변화시키게 마련이다.

전혀 예상치 못한 어떤 보상을 받을 때, 우리 뇌에서는 그것을 이미 기대한 경우보다 많은 도파민(쾌락을 느끼게 만드는 물질)이 분비된다. 하지만 반대로 어떤 일에 대한 보상이 기대에 이르지 못할 경우, 뇌의 도파민 수치가 낮아진 상태에서 우리는 실망하며 때로는 분개하기까지 한다. 이 물질은 우리가 타인들에게 '다가가는' 일의 측면에서 핵심적인 역할을 한다. 이는 우리 뇌 내부의 도파민 수치가 높을 때, 타자들을 긍정적으로 인식하며 삶에서 더 큰 기쁨을 누리게 되기 때문이다. 행복하고 만족스럽게 살아가려는 열망을 이루기 위해서는 적절한 수준의 도파민 분비가 꼭 필요하다.

앞서 살폈듯이, 위협을 인식하는 뇌의 기능들은 강력하고 끈질기다. 하지만 우리는 타자에게서 '멀어지기'보다는 조금씩 '다가가려는' 마음의 갈망을 계속 증진할 수 있다. 락은 이렇게 주장한다. "우리는 자신과 비슷하다고 믿는 사람들을 대할 때와 …… 자신과는 전혀 다르게 여겨지는 사람들을 대할 때, 각각 다른 뇌의 회로들을 활용한다"(162). 우리가 다른 이들을 친근하게 여기면서 긍정적으로 소통할 때, 뇌에서 기쁨을 느끼게 하는 화학 물질인 옥시토신이 분비된다. 락은 이 물질을 "안전한 소통의 신경 화학적 촉매제"라고 부르며, 이는 자신의 선천적인 두려움을 극복하고 타인들에게 다가가도록 우리 뇌의 여러 영역을 자극하는 역할을 한다. 서로 악수하고 교제를 나누며 공통 화제를 논할 때, 실제로 뇌의 옥시토신 수치가 증가한다. 인간의 행복, 특히 성공적인 노화에 관한 연구들은 인생의 핵심 비결이 원만한 사회적 소통에 있음을 보여 준다.

우리가 사회적인 단절감이나 타인에 대한 두려움에 빠져

혼자만의 세계로 도피할 때, 우리 뇌가 바람직한 상태를 유지하기는 어렵다. 락이 인용하는 한 신경학적 연구에 따르면, 실험에 참가한 여성들의 뇌는 친한 벗들과 함께 있을 때 아주 큰 기쁨을 느꼈다. 그 기쁨은 심지어 자기 부모나 자녀들 곁에 있을 때 느낀 것보다도 컸다. 이에 반해, 누군가를 일종의 위협 요소나 경쟁자로 인식할 때는 옥시토신 분비량이 줄었다.

두려움은 우리 자신을 보호하기 위한 정상적인 방어 기제 중 하나다. 인간의 많은 위대한 업적이 이 두려움에 대한 응답으로 시작되었다. 하지만 앞서 살폈듯이, 때로는 이런 두려움 때문에 우리 인간성이 온전히 구현되는 데 어려움을 겪기도 한다. 그러면 '타자'에 대한 이 두려움이 지나치게 부풀려질 때는 언제일까? 다음 질문들은 우리 자신의 두려움을 점검하며 이 문제에 관해 하나님이 주신 인격적인 선택권을 바르게 행사하는 데 도움이 될 것이다.

1. 여러분이 두려워하는 대상이 지금 빠르게 접근하거나 여러분의
   삶을 침범하고 있는가? 아니면 멀리 떨어져 있어서, 여러분에게
   피해를 줄 가능성이 희박한 것은 아닌가?

2. 그 대상은 정말 여러분이 두려워할 만큼 강력한가? 아니면 상대
   적으로 무력해서 여러분에게 해를 입힐 수 없는 존재는 아닌가?

3. 그 대상은 정말 여러분에게 위협이 되는 존재인가? 아니면 그저
   그가 여러분과 다르기에 겁을 내고 있는 것은 아닌가?

4. 그 '타자'에 대한 두려움 때문에 혼자만의 세계로 빠져들거나, 여
   러분이 마땅히 해야 할 일 또는 하고 싶은 일을 회피하게 되지는
   않는가?

5. 혹시 여러분의 두려움은 누군가 여러분을 이용해서 자신의 이익을 얻으려고 시도하는 데서 기인한 것은 아닌가?

무엇보다 그리스도인들은 다음 질문들을 숙고해야 한다.

1. 하나님은 이 '타자'와의 관계에서 나를 어떻게 인도하시며, 내가 어떻게 행하기를 기대하시는가?

2. 그리스도께서는 우리가 미처 예상하지 못한 낯선 하나님이었으며, 그분 앞에서 이방인이던 우리를 기꺼이 맞아 주셨다. 이제 주님은 우리가 어떻게 주위의 '타자'들을 이웃으로 여기고 자기 몸처럼 사랑하기를 바라실까?

3장

그리스도인답게 두려워하는 법 배우기

우리가 애창하는 찬송가 "나 같은 죄인 살리신"에는 이런 가사가 있다. "주님 은혜로 내 마음에 두려움을 가르치셨고, 그 은혜로 내 두려움들을 덜어 주셨네." 이 은혜는 예수 그리스도 안에 있는 하나님의 과분한 사랑이며, 우리 안에 역사하셔서 우리 스스로는 살아갈 수 없던 복된 삶을 살아가게 만드시는 그분의 능력이다. 이 찬송가의 작가인 존 뉴턴(John Newton)은 어떻게 은혜가 (1) 우리에게 두려움을 가르치는 동시에 (2) 우리의 두려움들을 덜어 준다고 말할 수 있었을까?

'타자'에 대한 두려움은 인간의 타고난 본성이며, 우리 스스로를 보호하기 위한 뇌의 방어 기제 중 하나다. 그 타자를 우리의 형제자매로 여기기 위해서는 우리 자신의 본성에 **맞서 싸**

워야 한다. 교회는 **우리의 두려움을 관리하는 법을 가르쳐 주는 학교**와 같다. 이곳에서 우리는 자신의 두려움에서 최상의 결과를 끌어내는 법과, 합당한 것들을 합당한 방식으로 두려워하는 법을 배워 가게 된다.

아리스토텔레스는 광기를 이렇게 정의했다. "어리석게도 아무 두려움을 품지 않는 일."

예전에 나는 한 대학 동기가 담배 연기를 늘 깊이 들이마시는 모습을 보고 이렇게 물었다. "암이 두렵지 않니?"

그는 이렇게 대답했다. "전혀. 바보 같은 통계에 대한 두려움에 휘둘리며 살기는 싫어."

그는 몇 년 뒤에 세상을 떠났다. 그의 사망 원인은 암이 아니었지만, 흡연과 통계적인 연관성이 있는 질병 중 하나인 폐기종이었다.

용기는 두려움이 없는 상태가 아니다. 오히려 그것은 자신의 두려움을 무릅쓰고 올바른 일을 행할 때 생겨난다. 이때 우리는 자신의 안전보다 높고 귀한 가치가 있는 것을 놓칠지도 모른다는 우려 때문에 용기를 내게 된다. 스콧 베이더 세이에 따르면, 두려움이 늘 사랑과 반대되는 것은 아니다. 때로 그것은 사랑의 증거로 나타난다. 내가 자녀들의 삶을 염려하는 이유는 그들이 고통과 시련 때문에 낙심하지 않기를 바라기 때문이며, 고혈압을 걱정하는 이유는 그 증상이 우리를 불구로 만들거나 마침내 목숨을 앗아가기 때문이다. 나는 건강한 삶을 오래 누리기를 원한다.

우리의 두려움에는 자신의 취약함에 대한 느낌이 동반된다. 나이가 들면서, 나는 밤에 운전할 때 예전보다 큰 불안을 느낀다. 이는 자신의 신체 능력과 정신 능력이 상당히 감소했음을 인식하는 뇌의 자연스러운 반응이다. 내 나이쯤 되면, 앞으로 살 날이 얼마 남지 않았음을 거의 날마다 되새기게 된다. 이것이 딱히 유쾌한 통찰은 아니지만, 시편 90편에서는 "우리 날 계수함"이 지혜에 이르는 길이라고 말한다(12절). 이 선한 두려움은 자신이 처한 상황에 대한 적절한 평가의 산물일 수 있다.

그릇된 두려움은 자신의 상황을 제대로 직시하지 않고 혼자만의 상상에 몰입할 때 생기는 경우가 많다. 이때 우리는 그 대상이 주는 실제 위협보다 지나치게 큰 두려움을 품게 된다. 그 두려움은 우리의 내적인 불안감을 부추기고 서로 인위적인 장벽을 쌓게 하며, 우리를 속여서 하나님이 뜻하시는 온전한 상태에 이르지 못하게 만든다. 두려움 자체가 그릇된 것은 아니지만, 지나친 두려움에 사로잡힐 때 우리는 대단히 그릇된 일을 저지를 수 있다. 따라서 우리는 자신의 두려움을 정직하게 시인하는 동시에, 그 감정에 송두리째 함몰되지 않을 길을 찾아야 한다. 건강한 교회는 쉽게 두려움에 빠지는 우리 자신의 성향을 적절히 경계하게끔 인도한다. 그리하여 우리는 그릇된 일들을 그릇된 방식으로 두려워하던 데서 벗어나, 합당한 일들에 관해 올바른 두려움을 품게 된다.

주님을 향한 두려움이 타자에 대한 두려움을 압도한다

성경은 이렇게 말한다. "지혜는 주님을 두려워하는 데서 시작된다"(잠 1:7, CEB, 옮긴이 번역; 14:27 참조). 많은 현대인에게 이는 상당히 도전적이며 불쾌하기까지 한 구절로 다가온다. 엘렌 데이비스(*Getting Involved with God: Rediscovering the Old Testament* [Cambridge, MA: Cowley, 2001], 13)는 이 본문의 '두려움'(fear)을 '공경심'(reverence) 또는 '경외심'(awe)으로 번역할 것을 제안한다. (다만 이 두 표현 역시 우리를 어느 정도 으스스하게 만드는 것은 같지 않을까?) 히브리서는 기독교의 예배를 논하면서 이렇게 말한다. "살아 계신 하나님의 손에 빠져 들어가는 것이 무서울진저"(히 10:31). 과연 당신은 주일 예배 때 이처럼 깊은 공포심에 사로잡힌 적이 있었는가?

성경에는 "두려워하지 말라"라는 표현이 담긴 구절이 300

개가 넘는다. 예수님도 자주 그렇게 말씀하셨지만, 다음 본문에서는 제자들에게 올바른 두려움을 촉구하셨다. "몸은 죽여도 영혼은 능히 죽이지 못하는 자들을 두려워하지 말고 오직 몸과 영혼을 능히 지옥에 멸하실 수 있는 이를 두려워하라"(마 10:28). 주일 아침에 내가 섬기는 교회의 성도들에게 기도 제목을 물어보면, 늘 누군가의 신체적인 질병에 관한 기도를 부탁한다. 자기 영혼의 안타까운 상태에 관해 중보해 달라는 사람은 거의 없다. 이는 오늘날 우리가 영적인 문제보다 신체적인 곤경을 더 두려워한다는 사실을 보여 준다.

그런데 이 마태복음 말씀에 비추어 볼 때, '하나님을 두려워하라'는 성경의 명령은 다른 이들의 비난보다 그분을 불쾌하게 만드는 일을 더 염려해야 한다는 의미로 여겨진다.

예수님의 부활을 체험한 제자들의 주된 감정이 두려움이라는 사실이 의아하지 않은가? 십자가에 달렸다가 다시 살아나신 그분을 처음 대면한 이들이 기쁨보다 두려움을 느낀 이유는 무엇일까? 내가 보기에, 그 부활은 그저 어떤 사람이 죽었다가 되살아난 사건 정도가 아니기 때문이다. 오히려 그 속에 담긴 소식은 이것이었다. **"예수님이 돌아오셨다!"** 그리고 이 소식은 예수님을 잘 알던 그들 마음속에 깊은 경악을 불러일으켰다.

예수님은 이웃뿐 아니라 원수까지 사랑할 것을 명령하셨으며, 우리를 핍박하는 자들을 축복하는 동시에 이방인들까지 환대하라고 강권하셨다. 그런데 바로 **그분이** 죄와 죽음을 물리치고 살아나셔서 **우리에게** 돌아오셨다는 것이다.

실로 두려운 소식이다.

마태복음 끝부분에서, 부활하신 주님은 제자들을 향해 **온 세상**에 나아가서 모든 이에게 세례를 주고 자신이 분부한 모든 일을 가르쳐 지키게 하라고 말씀하신다. 이때 이 분부에는 이방인들을 환대하는 일 역시 포함된다(마 28:19). 그런 다음에, 예수님은 이렇게 약속하신다(혹은 위협일 수도 있다). "내가 너희와 함께 거하면서, 과연 내 명령대로 행하는지 늘 지켜 보겠다" (내 방식대로 번역해 보았다).

실로 두려운 소식이다!

내가 고등학교에 다니던 시절의 일이다. 친한 친구 중 하나가 불법 행위에 가담하라는 다른 녀석의 요구를 대담하게 거절했다. 내가 그 용기를 칭찬하자, 친구는 이렇게 답했다. "저 멍청이한테 얻어맞는 것보다, 어머니를 실망시키는 게 더 겁이 났어." 이처럼 진정한 용기는 모든 두려움을 제거하는 데서 생겨나는 것이 아니다. 그 용기의 근원은 합당한 일들을 올바르게 두려워하는 데 있다.

우리는 흔히 자녀들에게 이렇게 말한다. "낯선 사람은 무조건 멀리 해라." 하지만 예수님은 낯선 이들을 환대하라고 분부하셨다(마 25:31-46). 우리는 마음의 위로와 평안을 얻으려고 교회에 오지만, 예수님은 인간적인 안전의 욕구를 내려놓고 "나를 따르라!"고 말씀하신다. 그분은 이 땅에 평화가 아닌 검을 주러 오셨다(마태복음 10장 34절을 보라). 우리가 어떤 교회에 등록하는 이유는 주로 그곳 교인들이 '친절하며 가족 같아서'일 경우가 많다. 달리 말해, 그들이 우리와 같은 부류에 속한다고 여기는 것이다. 하지만 예수님이 마지막으로 주신 대위임령(마 28:19)에는 사실상 이런 의미가 담겨 있다. "여기 예루살렘에 있는 너희 동족들과만 어울리지 말아라. 이곳에서 당장 벗어나라. 가서 **모든 이를** 제자로 삼아라!"

우리의 참된 문제는 '서로 사랑하라'고 분부하시는 하나님보다 '타자'를 더 두려워하는 데 있다.

지금 우리는 자본주의적인 자유 민주주의 사회에서 살아가며, 이 사회는 개인 이익의 추구를 중심으로 조직되어 있다. 우리 사회에서는 상호 소통보다 자기방어를 중요하게 여긴다. 계몽주의 사상에 따르면, 인간은 모두 동등하게 태어났으며 똑같이 대우받을 권리가 있다.

하지만 지금은 계몽주의의 미덕인 평등과 보편적인 인간

성, 개인의 주권 등이 진정한 공동체의 토대가 되기에는 미흡하다는 것이 점점 드러나고 있다. 각기 고립된 채 '자기 편한 대로' 살아가는 사회, 모든 문제가 강한 자기주장을 통해 해결되고 저마다 자신의 권리를 내세우기 위해 적대적으로 힘을 축적하는 폐쇄적인 공동체는 살기 좋은 사회라 할 수 없다. 이 세상에는 각자의 출생 배경과 권력, 자원과 특권 등의 측면에서 실제적인 불평등이 존재한다. 그렇기에 저마다 이질적인 역사와 경험이 존재함을 인식하지 않고는 온전한 공동체로 나아갈 수 없다. 그러나 이런 현실을 솔직히 인정하고 받아들일 때, 우리는 비로소 타자의 복되고 소중한 차이를 모두 이해하고 수용할 수 있다. 어떤 백인들은 자신이 '피부색에 무관심하다'고 주장하는데, 그들의 이런 말 속에는 아프리카계 미국인들을 향해 '지나간 일들은 다 덮고 잊으라'고 압박하려는 의도가 숨어 있을 때가 많다. 여하튼 우리는 다 미국인이니, 이전의 억울함과 분노는 다 내려놓고 와서 한데 섞이라는 것이다.

사우스캐롤라이나주 찰스턴의 마더 임마누엘 교회에서 총기 난사 사건이 발생한 다음 날, 주지사(그 아홉 달 전에 주 청사 건물에 남부 연합기[남북 전쟁에서 노예 해방을 반대한 남부군의 깃발_옮긴이]를 게양하는 일을 옹호한 바로 그 인물이다)는 이렇게 선언했다. "자, 이제 치유의 절차를 시작합시다."

하지만 치유는 그렇게 금세 이루어지지 않는다. 참된 치유를 위해서는, 가해자들의 잘못을 정직하게 대면하며 피해자들의 상처를 싸매어 주려는 고된 노력이 필요하다. 먼저 우리 서로의 차이를 솔직히 시인하지 않고는 화목과 동질감을 회복할 수 없다.

우리가 앨라배마주 의회를 상대로 이민 문제에 관해 논쟁할 때, 한 아프리카계 미국인 활동가가 이렇게 말했다. "반(反)이민 문제는 노예제와 다릅니다. 갈색 피부의 멕시코인들은 여러 세대에 걸쳐 이 땅에서 살아온 우리 흑인보다 쉽게 '미국인'으로 인정받고 환대를 누릴 가능성이 높습니다. 인종 문제는 여전히 미국을 지배하고 있습니다." 그 말을 고려할 때, 주로 아프리카계 미국인들로 구성된 교회들이 이민 개혁 운동에 열심히 참여하는 일은 더욱 인상적이다. 그들 자신은 오랫동안 살아온 이 나라에서 냉대와 무시를 당했지만, 그럼에도 여전히 히스패닉계 형제자매들에게 이민의 기회를 열어 줄 것을 적극 옹호하고 있다. 이는 그들이 이른바 '인간 중심적이며 진보적인' 미국의 가치들을 고수하기 때문이 아니다. 다만 자신들을 기꺼이 환대하신 구주의 뜻을 받들려 하기 때문이다.

사람들이 이용하는 또 다른 책략은 '타자'를 재정의하거나 그가 지닌 '타자 됨'의 특정 측면들을 무시하는 것이다. 이를 통해 그 '타자'가 자신의 고유성을 상실하게 만든다. 이런 책략은 오래된 다음 표현에서도 잘 드러난다. "당신은 유대인이고 나는 기독교인이지만, 우리는 다 같은 하나님을 믿지요." 이것은 우리 서로의 차이, 심지어는 각자의 종교적 신념과 역사적 특수성까지도 그리 중요하지 않다는 뜻이다. 상대방의 유대인 됨과 나 자신의 기독교인 됨이 지닌 고유성은 소멸되고, 둘 다 '분별력 있는 현대인'이라는 점이 더 중요하다고 여기는 것이다.

나는 언젠가 '종교 간 대화' 행사에 참석한 적이 있다. 당시 그 행사의 인도자는 모임을 시작하면서 기독교인과 유대인, 이슬람교인 모두 '아브라함의 신앙'에 속한 이들이라고 선언했다. 이들 모두 어느 정도 유사한 경전과 역사를 간직하고 있다는 것이다. 이처럼 세 종교를 숙련된 솜씨로 재정의했기에, 이제 얼마간의 차이를 무시하고 우리 모두 '아브라함 안에서 한 형제자매'임을 인정하기만 하면 서로를 온전히 이해하게 된다는 것이 그의 생각이었다.

이때 기독교인 참석자가 이렇게 응답했다. "저는 교회에서 아브라함에 관한 이야기를 별로 들어본 적이 없습니다."

그리고 유대교 랍비는 이렇게 말했다. "여러분의 할머니가 2차 대전 때 나치 독일 수용소에서 학살당한 경험이 없다면, 우리 유대인들의 마음과 삶을 이해하기는 매우 어려울 것입니다."

끝으로 이슬람교 성직자는 이렇게 지적했다. "우리 셋이 이처럼 유사점과 공통점이 많다면, 군이 이 대화가 필요할 이유가 어디 있습니까? 그저 모두가 승리자라고 선언하고 집에 갑시다."

어떤 이들이 미국 이민을 신청할 때, 그것이 승인되기 위해서는 자신이 불의의 (가해자가 아닌) 희생자임을 입증해야만 한다. 이는 분별 있는 이민 정책처럼 보이지만, 한 가지 짚고 넘어갈 점이 있다. 그리스도인들에게 낯선 이들을 영접하라고 명령하실 때, 하나님은 그들을 군이 '범죄자'와 '무고한 자'로 구분 짓게 하시지 않는다는 것이다. 예수님은 원수를 사랑하며 우리를 핍박하는 자들을 위해 기도할 것을 분부하셨다 (마 5:44). 이때 주님은 그가 실제로는 우리 원수가 아니라거나, 우리가 당하는 핍박이 그저 외형적인 것일 뿐이라고 말씀하지 않으셨다. 예수님은 그 어디서도 다른 이들이 우리에게 범한 죄가 사실은 대수롭지 않은 것이라는 이유로 용서를 명하신 적이 없다. 주님은 오직 하나님이 우리를 용서하셨듯이 우리도 다른 이들을 용서하라고만 하셨다.

주님이 명하신 바는 **오직** 그뿐이다.

불의의 희생자들은 그 불의를 드러내고 정죄하기를 원한다. 이는 당연하고 마땅한 일이다. 우리는 각 사람의 악행을 명확히 지적하고 판단해야 한다. 하지만 이와 동시에, 그리스도인은 자신도 그런 죄악에 연루될 가능성이 있음을 솔직히 시인하고 고백해야 한다. 그렇기에 우리는 가해자 자신(그는 사랑받는 하나님의 자녀일 수 있다)과, 그가 하나님과 이웃을 상대로 범한 허물을 서로 구분하게 된다. 우리는 그들을 사랑하는 동시에 진리를 갈망해야 하는데, 이는 특히 우리 자신과 '타자'에 관한 진리다. 우리는 그 '타자'에 관한 진리를 **이야기할** 뿐 아니라, 그들이 전해 주는 진리 역시 **경청해야** 한다. 무엇보다 '타자'의 허물을 바라볼 때, 우리에게는 적절한 겸손이 필요하다. 이때 이 겸손 가운데는 죄악 된 경향의 측면에서 '우리'와 '그들'을 마치 서로 다른 세계에 속한 듯이 여기지 않겠다는 일종의 의지적인 결단이 포함된다. 바울이 언급했듯이, 결국 "**모든** 사람이 죄를 범[했기]" 때문이다.

세상은 실제 우리 삶의 모습에 근거해서 우리 신념을 평가하며, 이는 지극히 당연한 일이다. 얼마 전, 리버티 대학 졸업식에서 총장인 제리 폴웰 주니어(Jerry Falwell Jr.) 목사가 자신이 늘 권총을 휴대하고 다니는 일을 자랑했다. 당시 그는 학생들을 향해 이런 식으로 스스로를 방어할 것을 강력히 권했다. 나는 그 소식을 접하고, 이른바 기독교 학교의 총장이라는 사람이 신앙을 이렇게 왜곡한 사실 앞에서 깊은 분노와 당혹감을 느꼈다.

이 소식을 듣고, 한 동료 목회자는 좀 더 차분한 태도로 이렇게 반응했다. "자신들이 믿는 이슬람교가 증오에 찬 테러리스트들 때문에 온갖 오해와 비난의 대상이 될 때 우리 주위의 무슬림 형제자매들이 어떤 느낌일지를 이제 알 것 같군요."

예수님의 뜻은 그저 우리 자신을 '악하게', 타자를 '선하게' 여기라는 것이 아니다. 그분은 우리가 타자를 선량한 피해자로 애써 포장하기를 바라지 않으신다. 우리가 해야 할 일은 다만 그 타자를 **우리와 마찬가지로** 의로운 동시에 죄악 되며 선과 악이 뒤섞인 존재, 그럼에도 하나님의 사랑과 보살핌을 받는 존재로 여기는 것뿐이다. 그들 역시 십자가에 달리신 그리스도께서 기꺼이 맞아 주시는 포용과 환대의 대상이다. 바울이 말했듯이 "선한" 사람은 아무도 없으며, 이는 불의의 희생자들 역시 마찬가지다. 그리고 하나님의 은혜로 구원받을 필요가 없는 사람 또한 아무도 없다(롬 3:9, 20). 그리스도께서는 무고함이 입증되는 이들만 사랑하라고 하지 않으셨다. 그분은 원수까지 사랑할 것을 분부하셨다.

감상적인 동기에서 '타자'를 사랑하는 것은 적절치 않다. 내가 속한 교단의 많은 이는 이 문제의 해결책으로 사랑의 감정에 호소하는데, 그 속에는 우리 자신과 '타자'에 대한 기만의 태도가 감추어져 있다. 그들은 은연중에 그 '타자'를 '사랑받을 만한' 대상으로 포장하거나, 그런 이까지 사랑해 주는 우리 자신의 '사랑스러움'을 드러내려 하기 때문이다. "네 이웃을 너 자신같이 사랑하라"는 말씀은 '네 이웃을 자신과 유사한 존재로 여기고 그리하라'는 뜻이 아니다. 우리는 오직 주님을 향한 감사와 올바른 두려움에 근거해서, '우리'와 신비스러우며 때로는 위협적인 '그들' 사이의 깊은 틈을 극복해 나가야 한다.

우리는 이웃을 사랑하되, 그들 자신의 정체성을 있는 그대로 직시해야 한다. 그들은 가난한 흑인이나 부유한 백인일 수도 있고, 유대교도나 이슬람교도, 총기 협회를 옹호하는 보수적인 공화당원이나 특정 계층을 혐오하는 민주당원일 수도 있다. 혹은 무신론자나 동성애 혐오자, 아니면 열렬한 레즈비언일 수도 있다. 우리는 이들 모두를 우리 자신처럼 사랑해야 한다.

그리스도인은 '타자'가 우리에게 호응하는지 여부와 상관없이 그들에게 늘 손을 내밀어야 한다. 그들을 향한 우리의 발걸음이 어떤 결과를 가져올지는 정해져 있지 않다. 때로 우리 몸짓은 헛수고로 끝날 수도 있다. 어쩌면 그 '타자'는 우리가 속한 부류의 사람들에게 깊은 상처를 입고 분개한 나머지, 우리 선의에 전혀 반응하지 않을지도 모른다. 예수님은 우리가 '타자'에게 나아갈 때 늘 최선의 응답을 얻을 것을 보장하지 않으셨다. 다만 그분이 우리에게 손을 내미셨듯, 우리도 그들에게 손을 내밀라고 분부하실 뿐이다.

그런데 예수님의 말씀에 비추어 볼 때, 단지 '타자'를 영접하는 것만으로는 우리 의무를 다했다고 할 수 없다. 주님은 우리로 관습적인 초청과 환대에서 한 걸음 더 나아가 그들을 온전히 **사랑하게** 이끄신다. 그리고 이 여정에서, 타자를 받아들일 은혜를 하나님에게 구하는 것은 필수적인 첫걸음이 된다. 여기서 다음 진리를 명확히 하는 편이 유익할 것이다. 우리가 타자에게 다가가서 두 팔을 벌리는 것은 그를 우리의 벗이 될 만한 존재로 재정의했기 때문이 아니다. 오히려 **예수님이 우리를 먼저 그분의 벗으로 삼아 주셨기** 때문이다.

교제를 위해 지음받다

우리가 타자에 대한 생물학적 두려움뿐 아니라 그들을 포용하려는 의지도 지닌 존재로 지음받았다면 어떻게 해야 할까? 하나님은 그리스도 안에서 우리 죄인들을 영접하고 환대하려는 자신의 의지를 보여 주셨다. 그러므로 타자와 함께 교제할 때, 우리는 하나님이 처음에 의도하신 그 삶을 향해 나아가는 것이 된다. 아우구스티누스는 하나님 앞에서 이런 유명한 고백을 남겼다. "우리는 당신을 위해 지음받았습니다. 그렇기에 당신 안에 거하기 전까지는 우리 마음이 쉼을 얻지 못합니다"(*Confessions*, trans. Henry Chadwick [Oxford: Oxford University Press, 1991], 1:3, 「고백록」). 우리는 하나님과 이웃과 교제하도록 창조된 이들이다. 그렇기에 두려움이 낳은 깊은 고립 상태에서도, 우리는 다른 이들을 포용하며 영접하기를 갈망하게 된다.

내가 예수님에게 배운 것은 우리 존재와 삶이 그저 우연히 주어지지 않았다는 사실이다. 하나님은 우리가 주위의 모든 이를 경계하면서 '그들 혹은 우리' 중 어느 한쪽이 멸절되기까지 싸우도록 버려두지 않으셨다. 우리는 자신 또는 타인들의 악행 앞에 무방비 상태로 머물거나, 자신의 과거 혹은 생물학적인 이력에 무기력하게 휘둘리도록 지음받지 않았다. 하나님은 우리를 그분과 함께 살아가며 이웃과 교제하는 존재로 창조하셨다. 이제 우리는 다음의 참된 이야기에 응답해야 한다. 하나님이 그리스도 안에서 인간의 역사 속으로 들어오셨으며, 그분의 십자가에서 우리를 자신과 화목시키셨다는 것이다. 이를 통해, 하나님은 그분과 우리 사이의 교제를 위한 조건들을 모두 만족시키셨다(구원론). 이와 동시에, 하나님은 그분의 은혜로 우리와 협력해서 자신의 뜻을 이루어 가기로 선택하셨다. 이제 하나님은 우리를 부르셔서, 그분이 이미 행하셨고 앞으로도 행하실 일들을 온 세상에 전하며 드러내게 하신다(윤리). 하나님이 우리와 이 세상을 위해 행하시는 일들은 아직 끝나지 않았다. 하나님은 확고한 사랑과 결단으로 온 세상 속에서 그분의 일을 계속 이루어 가신다. 지금 인간이 겪는 고통과 불의는 모든 일의 최종 결론이 아니다. 언젠가 하나님은 세상 모든 일의 진실을 드러내시고, 우리 스스로는 이룩할 수 없던 온전한 화해를 가져오실 것이다(종말론). 우리는 진정한 교제에 이르도록 지음받은 이들이다.

한편 여기서 생각해 볼 점이 있다. '타자'를 적극적으로 혐오하며 그들에게 부정적인 이미지를 덧씌우는 것('게으른 자들', '벌레 같은 자들', '더러운 자들')과, 우리가 다른 이들에게 무관심한 태도로 그리스도의 명령을 거부하며 '타자'를 돌볼 책임을 아예 거부하는 일 중에 어느 쪽이 더 최악일까?

서로를 존중하면서 정직한 대화를 나누는 일은 물론 좋다. 하지만 미로슬라브 볼프가 언급했듯이, 예수님은 우리에게 그보다 많은 것을 기대하신다. 이는 곧 그들을 따스하게 안아 주는 일이다. 심지어 '화해'조차도 이 포옹만큼 강력한 메시지를 전해 주지는 못한다. 그리고 이를 위해서는 상대방이 꼭 필요하다. 누군가를 포옹할 때, 우리는 팔을 활짝 벌리고 기다렸다가 꼭 끌어안은 뒤에 다시 놓아주게 된다(*Exclusion and Embrace* [Nashville: Abingdon Press, 1996], 141-44, 「배제와 포용」, IVP 역간). 처음에 **팔을 벌리는** 행동을 통해, 우리는 '타자'와 변화된 관계를 맺으려는 열망을 드러낸다. 이는 자신의 고립된 상태가 만족스럽지 않음을 시인하는 것이다. 이때 우리는 취약한 상태로 타자에게 스스로를 개방하며, 상대방 역시 팔을 벌려 응답하도록 초청한다. 그런 다음에는 **기다림**이 이어진다. 이는 초청과 응답 사이에 놓인 고통스러운 시간이다. 이 기다림을 통해, 우리는 그 타자에게 선택의 자유를 허용하게 된다. 이런 자유가 주어질 때, 어쩌면 그는 우리의 초청에 응답해 올 것이다. 그리고 **꼭 끌어안는** 것은 이 포옹의 목표다. 이는 상호 신뢰의 표시이며, 이를 위해서는 두 사람 모두가 팔을 벌리고 가까이 다가서야 한다. 이때 우리는 그들이 질식할 정도로 꽉 안아 버리려해서는 안 된다. 여전히 그들의 고유한 정체성을 존중하는 동시에, 이제 그들을 우리와 친밀하게 교제하는 이들로 바라보아야 한다. 이처럼 '타자'가 우리에게 수수께끼 같은 존재로 남는 것은 어떤 의미에서 바람직하기까지 하다. 그리고 끝으로, 그들을 **놓아주는** 일이 이어진다. 이는 두 사람의 몸이 서로 융합되어 버리지 않았음을 보여 준다. 타자를 포용하며 환대한 뒤, 다시금 그의 인격을 인정하고 놓아주는 것이다. 우리의 포옹은 타자를 자신의 정체성 속으로 흡수하거나 그의 타자 됨 자체를 부정하는 일이 아니다. 우리는 그들이 다시 그들 자신의 길로 행하도록 격려하고 응원해야 한다.

끔찍한 악행을 겪은 이들은 그 가해자들이 저지되기를 원한다. 자신이 경험한 불의가 다른 이들에게도 자행되기를 바라지 않기 때문이다. 그들은 그 압제자들의 궁극적인 패배를 소망한다. 우리는 그 피해자들의 증언을 진실하게 경청해야 하며, 그들이 겪은 불의를 정당화하거나 부인해서는 안 된다. 이때 우리가 그 타자를 포용하는 것보다, 그에게 고통당한 이들이 그를 포용하기는 더 힘겨울 것이 분명하다. 여기서 우리가 숙고해야 할 질문은 바로 이것이다. "당신이 그 '타자'를 환대하기 위해서는 얼마만큼의 희생이 요구되는가?"

내가 섬기는 교회의 한 여성 교인이 끔찍한 폭행을 겪었다. 아침 열 시에 자기 집 뒷마당에서 낯선 남자에게 습격을 당한 것이다. 우리 교회는 그 교인을 돕기 위해 최선을 다했으며, 이런 범죄의 피해자들을 전문적으로 돌보는 치료사와도 연결해 주었다.

한 달 뒤, 그 교인이 내 사무실로 찾아와서 면담을 요청했다. 나는 치료가 어떻게 진행되고 있느냐고 물었다. 그 교인은 이렇게 대답했다. "잘 되고 있어요. 어느 정도까지는요."

나는 생각했다. '무슨 뜻이지?'

그 교인이 다시 설명했다. "지금 저는 마음의 상처와 분노를 다루는 법을 배워 가고 있어요. 하지만 제가 그리스도인이기에, 예수님이 그보다 많은 것을 기대하실 거라는 생각이 들어요."

나는 이렇게 생각했다. '더 많은 것을요?'

그는 이렇게 덧붙였다. "저를 공격한 남자와 같은 인종에 속한 이를 길에서 만날 때마다 비이성적인 공포심에 사로잡히는 게 무척 괴로워요. 계속 그런 증오와 두려움에 시달리고 있어요."

나는 이렇게 답했다. "그런 감정들을 품는 것은 지극히 자연스러운 일이지요."

이때 그가 불쑥 이런 말들을 쏟아 놓았다. "목사님, 하나님은 정말 저를 이 두려움에서 해방시킬 정도로 크신 분일까요? 제 삶을 망쳐 놓으려 한 그 범죄자의 악한 의도가 승리하지 않도록 하나님이 도와주실까요? 제 삶의 주도권을 되찾고 모든 일을 회복하도록 이끌어 주실까요?"

그때 나는 이렇게 확언했다. "그럼요. 물론입니다!" 나는 힘겨운 상황에서도 믿음을 잃지 않으려 애쓰는 그가 자랑스러웠다. 그리고 하나님은 참혹한 범죄의 희생자들까지도 기쁨으로 승리를 외치게끔 인도하시는 분임을 알기에, 그분의 은혜를 다시금 담대히 전했다. 이에 관해, 바울은 이렇게 선언했다. "이 모든 일에 우리를 사랑하시는 이로 말미암아 우리가 넉넉히 이기느니라"(롬 8:37).

선하신 하나님의 최후 심판에 대한 종말론적인 믿음과, 악인에 대한 보복을 그분에게 맡기고 의탁하려는 마음은 모두 그분을 향한 올바른 두려움에서 온다. 지금 우리가 할 일은 정의의 회복을 위해 애쓰면서 피해자의 목소리를 경청하는 동시에, 가해자인 '타자'까지도 사랑하는 마음으로 그 불의에 관한 진실을 숨김없이 지적하는 것이다. 우리는 보복과 심판의 주도권이 오직 하나님에게 있음을 확언해야 한다(롬 12:19). 역사를 바로잡는 일은 온전히 그분에게 속한 과업이다.

하나님이 악인에게 실제로 어떻게 보복하실지는 그분 뜻에 달려 있다. 누군가가 다른 이를 압제하며 이 세상의 도덕적 질서를 깨뜨릴 때, 모든 일을 바로잡을 수 있는 것은 하나님의 변혁적인 심판과 구속의 손길뿐이다. 우리가 사랑과 겸손의 태도로 타자의 허물을 판단하기 위해서는, 하나님이 궁극적인 평화와 공의를 확립해 주실 것이라는 믿음이 필요하다. 과거 미국의 흑인들은 백인 주인의 목화밭에서 고된 노동에 시달리다가, 고개를 들어 주인이 출석하는 교회당을 쳐다보면서 이렇게 노래했다. "천국을 이야기한다고 다 그곳에 가는 것은 아니라네!" 노예 소유주였던 토머스 제퍼슨(Thomas Jefferson)은 하나님의 의로우심을 생각할 때마다 깊은 두려움에 떨었다고 고백했다.

지금 여기서도, 우리는 장차 하나님이 인간의 모든 악과 차별을 극복하고 성취하실 궁극적인 승리의 전조를 어렴풋이 경험할 수 있다. 이 일은 우리가 주일 예배에서 주님의 뜻을 좇아 '평화의 나눔'(Passing of the Peace, 자리에서 일어나 옆 사람과 악수하며 평화를 비는 순서_ 옮긴이)에 참여할 때 이루어진다. 주님은 만약 어떤 문제로 우리와 다른 형제자매들 사이에 분열이 생겼다면, 제단 앞에 예물을 놓아두고 가서 먼저 화해를 청하라고 말씀하셨다. 실질적으로 교회는 하나님이 원래 의도하신 세상의 축소판이며, 그분은 지금 온 세상을 그 방향으로 인도해 가고 계신다. 이 하나님의 손길 아래서, 우리는 서로를 향한 교제의 길로 나아가게 된다.

우리가 배제에서 포용으로 나아가는 기적을 체험할 때, 이는 장차 하나님 나라에서 영원히 지속될 모습을 이 땅에서 희미하게 성취하는 것이 된다. 진리와 사랑은 서로 대립하지 않으며, 우리가 환대의 해석학을 따를지라도 올바른 판단을 내릴 책임이 면제되지는 않는다. 오히려 우리의 환대는 곧 '타자'

를 바르게 이해하고 살피려는 하나의 시도가 될 수 있다. 그리스도인들은 자신의 잘못으로 피해를 겪은 이들뿐 아니라 자신에게 피해를 준 이들까지도 적절히 이해하고 소통하기 위해 노력해야 한다.

그런즉 누구든지 그리스도 안에 있으면 새로운 피조물이라 이전 것은 지나갔으니 보라 새것이 되었도다 모든 것이 하나님께로서 났으며 그가 그리스도로 말미암아 우리를 자기와 화목하게 하시고 또 우리에게 화목하게 하는 직분을 주셨으니 곧 하나님께서 그리스도 안에 계시사 세상을 자기와 화목하게 하시며 그들의 죄를 그들에게 돌리지 아니하시고 화목하게 하는 말씀을 우리에게 부탁하셨느니라 그러므로 우리가 그리스도를 대신하여 사신이 되어 하나님이 우리를 통하여 너희를 권면하시는 것같이 그리스도를 대신하여 간청하노니 너희는 하나님과 화목하라(고후 5:17-20).

안타깝게도, 어떤 이들은 '타자'를 배제하는 일을 하나의 죄가 아닌 기독교적 미덕으로 여긴다. 이들은 인간을 판단하고 구별하며 배제하거나 포용하시는 하나님의 주권이 마치 우리에게 부여된 듯이 착각한다. 그리하여 타자를 명확한 위험 요소로 규정하고 자신만의 방어 기제를 구축하는 것이다. 그러나 세상 사람들을 '죄인'과 '의인'으로 구분 짓는 것은 매우 복잡하고 까다로운 일이다. 우리는 자신의 죄를 쉽게 부정하며, 각종 특권과 인종, 계층의 구조 속에 금세 매몰되기도 한다. 그렇기에 주의 깊은 배려와 겸손 없이는 이 일을 제대로 수행할 수 없다.

현재 미국은 전 세계에서 가장 큰 규모의 국방비를 지출하고 있는데, 이는 이 방어적인 태도가 값비싼 대가를 요구한다는 것을 보여 준다. 미국인들은 자신들이 세계에서 가장 자유로운 나라에 산다고 믿는다. 하지만 실제로는 그 어느 나라보다 교도소에 수감된 사람이 많다는 것은 큰 아이러니이며, 어쩌면 큰 죄일 수도 있다.

내 생각에, 우리는 자신의 성별과 성적인 지향이나 출신 문화의 독특성을 중시한 나머지 서로 좁히기 힘든 마음의 간극을 만들어 내는 듯하다. 사람들은 흔히 이렇게 주장한다. "저들은 우리를 이해할 수 없고, 우리도 마찬가지예요. 내가 겪은 경험은 오직 **나만의** 것입니다. 어떻게 당신이 내 마음을 안다고 할 수 있지요?" 어쩌면 우리의 개인적 경험이 지닌 고유성과 우리 자신의 독특한 정체성을 지나치게 강조하는 것은 아닐까? 바울은 우리 온 인류를 '불경건한 자들'로 지칭하면서 하나님이 **모두에게** 자비를 베푸신다고 선포했지만, 우리는 다양한 방식으로 그 선언을 회피하려 든다.

현대인들은 자부심에 차서 이렇게 단언한다. "나는 **나야**." 하지만 그리스도인들은 다음 진리 역시 강조해야 한다. 내가 속한 계층과 성별, 민족과 인종, 역사 등의 인간적인 표지들이 무한히 더 큰 함의를 지닌 결정적인 조건에 의해 재구성되고 새롭게 해석되어야 한다는 것이다. 그것은 바로 우리가 **세례를 받았다**는 사실이다.

하나님은 우리를 어느 정도 고유성을 띤 존재로 창조하셨다. "하나님이 …… 남자와 여자를 창조하시고"(창 1:27). 그러나 세례를 받은 후, 우리는 단순히 생물학적인 남성 혹은 여성의 정체성을 능가하는 존재로 살아가라는, 하나님의 우선적이며 근원적인 부르심에 근거해서 자신의 성별을 바라보게 된다. 이제 우리는 모두 주님의 행하심을 통해 그분의 제자가 되었기 때문이다. 물론 "남자나 여자나 다 그리스도 예수 안에서 하나"(갈 3:28)라는 바울의 말에 담긴 뜻은 세례를 통해 우리가 지닌 이전의 남성성과 여성성이 사라지고 제3의 성별로 거듭난다는 것이 아니다. 다만 이 세례에서 씻겨 나가는 것은 현 사회에서 성별에 근거한 억압과 지배의 체계를 이어 가는 데 사용되는 문화적 함의가 담긴 기표들이다. (우리는 그 기표들을 이용해서 인위적으로 자신을 치켜세우거나 다른 이들을 끌어내리기도 한다.) 그리스도께서는 우리를 규정하는 이 세상의 방식들을 모두 상대화하셨고, 그 속에는 우리 자신의 생물학적인 정체성 역시 포함된다. 기독교의 세례에서 제거되는 것은 바로 사람들을 차별하며 분리하는 방편으로 이용되어 온 이 성별의 특성이다. 이제는 어느 성별이든 모두가 그리스도의 희생적인 사랑 안에서 새 힘과 소망을 얻게 된다.

어쩌면 내가 결혼을 '타자를 영접하기 위한 평생의 훈련'으로 여겨 온 이유도 여기 있을 것이다. 내가 이른바 '대등한 결혼'의 유익을 믿는 것은 이를 통해 내 옆에 함께 거하는 '타자'를 평생에 걸쳐 날마다 포용하고 환대할 기회를 얻기 때문이다. 이것은 그저 '적과의 동침'이 아니다. 아내는 물론 나의 일부가 아니지만, 나보다도 나를 잘 안다. 아내는 내 삶의 영역을 세심하게 넓혀 주며, 내 안에서 최선의 모습들을 이끌어 낸다. 이처럼 전혀 다른 두 개인이 '한 몸'을 이루는 것은 지극히 경이로운 일이다.

그렇기에 처음에는 결혼을 못마땅하게 여긴 초대 교회도 (예를 들어 바울은 그 일의 유익을 의심했다) 결국 그것을 '타자를 환대하는 평생의 훈련'으로 받아들였다. 아내가 불편한 진실을 지적할 때 원망 없이 그것을 받아들인다면, 주일 예배에서 만난 누군가가 그리할 때도 그 일이 가능해진다. 그러고는 월요일에 출근해서 직장 동료가 정직한 평가를 들려줄 때도 그대로 수용하게 되는 것이다. 그리고 이 '배우자'라는 타자를 환대하는 일에 익숙해질 때, 하나님은 때로 자기 부모에게도 '타자'로 돌변하는 자녀들을 선물로 보내 주실 것이다!

다른 신앙들

내가 교회의 감독으로 섬기면서 수행한 영적 훈련 중 하나는 매주 한 시간씩 그리스도인이 아닌 사람과 대화를 나누는 일이었다. 당시 나는 날마다 독실한 그리스도인들에게 둘러싸여 있었으며, 이들은 나처럼 교회를 이용해서 평생 여러 유익을 누려 온 사람들이었다. 이는 거의 밀실 공포증에 시달릴 법한 환경이었다.

당시 내 사무실은 대학 캠퍼스에 있었기에, 이야기를 나눌 만한 이슬람교도나 불교 신자를 찾아내기가 그리 어렵지 않았다. 때로는 앨라배마주 출신의 무신론자도 만날 수 있었다. 이렇게 몇 년을 보낸 뒤, 나는 사람들 앞에서 종종 이렇게 언급했다. "제가 이런 만남들을 통해 이슬람교를 더 깊이 알게 되었는지는 잘 모르겠습니다. 다만 그분들에게서 감리교에 관해 많은 점을 배운 것은 분명합니다." (우리 감리교인들은 흔히 스스로를 상당히 멋지고 훌륭한 이들로 여기며 자부심을 품는다. 하지만 우리가 생각보다 이상한 이들임을 깨달을 때 큰 충격을 받는다.)

이 '타자'들과의 대화를 통해, 나는 다음 사실들을 배웠다.

우리 그리스도인들이 믿는 몇 가지 기이한 내용은 다른 이들에게 자명한 사실로 다가오지 않는다. 우리의 '그리스도인 됨'이 '이해심 많고 사려 깊은 미국인 됨'과 동의어는 아니다. 우리는 상당히 이상한 사람들이다.

사람들은 그리스도인들에게 많은 편견을 품고 있는데, 그중 일부는 우리가 자초한 것들이다.

그리스도인들은 미국 문화에 긴밀히 결탁하는 과정에서 상당히 큰 실수들을 범했다. 그렇기에 외부인들이 우리를 지켜볼 때, '그리스도인'과 '미국인'의 차이를 쉽게 분간하지 못한다.

예수님은 그분을 따르는 우리보다 훨씬 흥미롭고 사랑스러우신 분이다.

사람들은 예수님을 따르려는 우리의 '요란한' 노력 덕분에 그분을 사랑하게도 되지만, 오히려 그 때문에 그분을 거부하기도 한다.

나는 이 '타자'들에게 내 사역에 대한 가장 큰 칭찬을 듣기도 했다.

"제가 그동안 그리스도인들을 오해했음을 알게 되었어요."

"하나님이 목사님에게 찾아오신 것처럼 저에게도 찾아와 주시면 좋겠네요."

"목사님과 이야기하고 나니까, 언젠가는 그리스도인들이 저한테 범한 짓을 용서할 수도 있을 것 같아요."

타 종교인과 무신론자들이 우리의 고유성을 존중해 주길 바란다면, 우리도 그들을 존중해야 한다. 우리는 그들과의 접촉이 진정한 대화와 포용으로 이어지기를 희망한다. 이 과정에서 우리는 자신의 신앙을 적절히 소통하는 법을 터득하는 동시에, 상대방을 더 깊이 헤아리게 된다. 우리는 그들과의 공통

점을 기쁘게 받아들이고 진실하게 소통하며, 서로의 차이 앞에서 경이감을 품는다. 그리고 때로는 타 종교를 알아 가는 가운데서 우리가 지닌 신앙의 독특성이 더 뚜렷해지기도 한다.

한편 타 종교인과 무신론자들을 대할 때, 그리스도인들은 그들과 소통하거나 그들을 잘 이해하려는 것보다 한 단계 높은 갈망 역시 간직해야 한다. 우리는 그들을 환대하고 영접할 뿐 아니라 심지어는 사랑하라는 주님의 **명령**을 받았다.

예수님의 길을 따를 때, 우리는 길이요 진리요 생명이신 그분을 위해 기꺼이 자신을 내어 드려야 한다. 이때 내가 믿는 진리를 위해 타자를 희생시킬 권리는 조금도 없다. 타자에 대한 폭력은 성경적으로나 기독교적으로 전혀 정당화되지 않는다. 그들을 그리스도의 진리 가운데로 인도하도록 우리에게 주어진 방편은 비폭력적인 설득과 논증, 인격적인 권면과 증언뿐이다.

예수님이 십자가에 달리셨을 때, 자신을 못 박은 이들을 바라보면서 이렇게 기도하셨다. "아버지 저들을 사하여 주옵소서 자기들이 하는 것을 알지 못함이니이다"(눅 23:34). 이 말씀은 예수님의 사역이 지닌 용서의 성격을 잘 드러내며, 그 용서는 그분의 십자가 위에서뿐 아니라 이제 부활하셔서 하나님 보좌 우편에 앉으신 후에도 계속 이어지고 있다. 주님은 십자가에서 자신을 괴롭히던 자들을 용서하셨으며, 지금도 죄인인 우리를 향해 늘 그리하신다. 주님의 용서는 그저 잘못을 범한 타자가 '자기 뜻대로 행하도록' 놓아두는 데 그치지 않는다. 주님은 친히 그 앞에 올바른 길을 보이시며, 가해자와 피해자 사이의 관계를 변화시키신다. 그리하여 새로운 교제의 공간을 열어 주시는 것이다. (이때 그 타자가 자신의 적대감을 억지로 내려놓도록 요구되는 것은 아니다.)

그러나 지금의 기독교는 다음 세 가지 오류에 계속 시달리고 있다.

1. 하나의 민족적, 국가적, 경제적, 교육적, 문화적인 집단과의 배타적 동일시.
2. 사적이며 개인적인 영역으로 도피하는 주관적인 성향 (이는 기독교의 보편 지향성과는 상반된다).
3. 기독교 신앙을 하나님이 세상을 회복하시는 일에 쓰시는 그분의 방편으로 여기기보다, 우리 자신의 필요를 충족시키고 내적인 상처를 치유하기 위한 일종의 기술로 여기는 일.

행동하는 사랑

내가 아는 한 신학자는 최근 어떤 모임에서 기독교의 이웃 사랑에 관한 질문을 받았다. 이때 그 신학자는 이렇게 대답했다. "그리스도의 용서와 사랑을 이야기하는 것이 기존의 힘과 특권을 지닌 분들에게는 상당히 쉬운 일이지요. 하지만 나처럼 내려놓을 만한 것이 거의 없는 아프리카계 미국인들은 어떻게 해야 할까요? 주님이 내게도 용서를 명령하셨다고는 믿기가 어렵군요."

하지만 예수님은 늘 자신의 권리를 빼앗기고 힘없이 억압에 시달리는 이들에게 그 용서와 사랑의 메시지를 주셨을 것이다. 자신의 추종자들에게 "원수를 용서하라"고 말씀하실 때, 주님은 기존의 힘과 특권을 내려놓는 일에 관해서만 언급하신 것이 아니다. 오히려 그 말씀 속에는 다가오는 하나님 나라의 이름으로 승리를 쟁취하고 이 세상을 전복시키라는 의미가 담겨 있다. 주님은 우리 삶과 세계를 규정하려는 기득권층에 맞서 당당히 싸우기를 바라신다. 그러므로 힘 있는 자와 힘 없는 자 모두에게, 그분은 이렇게 명령하셨다. "나를 따르라!"

무력하고 자기 삶의 주도권을 갖지 못한 그들에게 예수님은 마음의 변화와 순종, 담대한 자비의 실천을 요구하셨다. 이런 그분의 말씀은 그들 자신의 절실한 필요 때문에 특별한 은총의 대상이 되는 이들에게 하나님이 베푸시는 기적적인 능력을 드러내는 것이었다. 주님은 그분을 따르는 이들에게 소망을 부어 주실 뿐 아니라 삶의 변화를 요구하셨으며, 압제의 피해자들까지도 그 말씀대로 행하기를 바라셨다. 주님은 이런 식으로 그들이 자기 삶의 주도권을 되찾게 하셔서, 그들을 마침내 승리자로 바꾸어 놓으신 것이다.

주님은 세상에 죄와 불의가 있음을 부정하지 않으셨다. 그분은 그것들의 실체를 정직하게 드러내셨으며, 십자가에서 우리 죄와 불의를 위해 죽으심으로 결국 그것들을 물리치셨다. 죄를 알지 못하는 주님이 우리를 대신해서 죄가 되신 것이다. 그분은 죄를 실은 죄가 아니라고 여기거나, 세상은 원래 그런 곳이라고 치부하지 않으신다. 오히려 우리 죄를 친히 대속하신다. 그리하여 무고한 자들의 부르짖음이 응답받고, 그들을 괴롭히던 자들의 권세와 속박이 깨어진다. 우리가 위협적인 '타자'를 상대로 지은 죄들도 용서되어, 이제는 이전과 다른 방식으로 삶을 바라보게 된다. 그렇기에 우리는 이 황폐한 세상 속에서도 하나님의 새 세상에 속한 이들로 살아갈 수 있다. 이제 우리는 진리와 정의를 위해 싸우는 동시에 용서와 은혜를 베푸는 이들이 된다.

그리스도인들은 그저 감상주의에 빠져 '사랑만 있으면 된다'고 여겨서는 안 된다. 오히려 세상의 불의에 맞서 힘겹고 고된 투쟁을 감당해야 한다. 우리에게는 현실을 직시하면서도 그 무게에 압도되지 않을 용기가 필요하다. 힘 있는 이들이 '타자' 앞에서 자신을 낮추는 일을 피하려 들 때, 사람들은 고통받는다. 인종 차별에는 '타자에 대한 두려움' 이상의 감정이 담겨 있지만, 동시에 그 두려움의 원인이 부분적으로 그 인종 차별에 있는 것 역시 사실이다. 1954년에 브라운 대 교육 위원회 사건의 판결(백인과 유색 인종이 같은 공립 학교에 다닐 수 없게 한 미국 남부 주들의 법을 위헌으로 규정한 연방 대법원의 판결_ 옮긴이)이 난 지 60년이 지났지만, 아프리카계 미국인들은 여전히 경찰과 동료 미국인들에 의해 과도한 폭력의 희생자가 되고 있다. 그들이 상대적으로 다수의 위치에 서는 기관은 교도소와 군대뿐이다. 아프리카계 미국인은 백인보다 훨씬 적은 재산을 소유하고 더 짧은 생애를 살아간다. 여러 연구에 따르면, 그들은 학교 선생님이나 의사, 경찰뿐 아니라 자신들이 마주치는 모든 백인에게 암묵적이고 무의식적인 편견의 대상이 되고 있다.

그리스도인들은 주님의 명령대로 이웃을 사랑하는 동시에, 사람들이 타인을 억압하며 불의를 저지르게 만드는 두려움의 문제를 지적하고 완화하는 일에 힘써야 한다. 선한 사마리아인의 비유에서, 예수님은 그 사마리아인이 강도 만난 이를 불쌍히 여기거나 사랑의 감정을 느꼈다고 묘사하는 데 주목하지 않으신다. 오히려 그분의 초점은 그가 주위에 여전히 숨어 있을지도 모르는 강도들의 위험을 감수하고 멈춰 서서 그 희생자를 자기 나귀에 태웠으며, 여관으로 데려가 돌봄받게 했다는 데 있다. 사마리아인은 심지어 그의 치료에 추가 비용이 들면 그것도 다 내겠다고 여관 주인에게 약속했다. 이 이야기를 듣는 우리를 향해, 사실상 예수님은 이렇게 말씀하신다. "가서 너희도 이같이 행해라. 내가 너희를 사랑했듯이, 너희도 어려움을 겪는 이웃을 사랑으로 돌보아야 한다."

우리가 하나님을 사랑하며 그분이 주신 사랑의 계명을 지킬 때, 이 세상을 이길 수 있다(요일 5:1-5). 이때 우리는 담대히 일어서서 세상의 악한 방식들에 항거하게 된다. 그리스도께서는 우리를 죄에서 해방하셔서, 현대 문화에 속한 이들이 기피하는 일들을 실천하게 하신다. 그것은 곧 우리 주위의 형제자매들과 든든한 결속 관계를 형성하며, 심지어는 낯선 '타자'와도 연대를 시도하는 것이다. 이처럼 낯선 이들을 포용하며 서로를 향한 책임을 감수할 때, 교회는 지나친 감상주의나 중산층의 안락함을 추구하는 태도를 떨쳐 내고 도전적인 믿음의 행보를 이어 갈 수 있다.

예수님은 그저 용납과 포용을 옹호하면서 다양성의 결핍을 가장 큰 죄로 여기시는 분이 아니었다. 그분의 설교는 단순히 인간적인 관용에 관한 것이 아니라, 죄인들을 자신의 식탁에 앉게 하시는 하나님의 급진적이고 은혜로운 환대에 관한 메시지였다. 예수님은 그저 "네 이웃을 친절하게 대해라"라고 말씀하지 않으시고, 우리에게 그들을 진심으로 사랑할 것을 명령하셨다. 그리고 미로슬라브 볼프가 상기시키듯이(73-74, 「배제와 포용」), 예수님은 이웃 사랑뿐 아니라 우리 자신의 마음과 삶이 변화되어야 하는 것 역시 강조하셨다. 그분은 심지어 (어쩌면 특히) 자신을 '은혜의 내부자'로 여기는 이들에게도 이 일을 요구하셨다. 예수님은 당시 유대인들 사이에 널리 통용되던 '정결'과 '부정'의 개념을 새롭게 정의하셨으며(막 7:14-23, 5:25-34 참조), "더러운 귀신"에 매여 홀로 버려진 사람들을 찾아가서 그들의 삶을 변화시키셨다(막 5:1-20). 그분은 당시 사회에서 배척당하던 세리와 창기들이 스스로를 선하게 여기는 이들보다 먼저 하나님 나라에 들어갈 것이라고 선포하셨으며, 이는 제자들에게 큰 충격을 주었다. 예수님은 자신의 종교를 이용해서 주위에 거짓된 의와 정결의 장벽을 구축하는 이들을 정죄하셨으며(막 7:15), 다음과 같이 기도하는 이들을 비웃으셨다. "하나님이여, 나는 다른 사람들[과] …… 같지 아니함을 감사하나이다"(눅 18:11). 그분은 스스로 정결해지려는 우리의 욕망을 꾸짖으시면서, 자신의 선한 행실을 자랑하는 많은 이가 실상은 오염된 하수구와 다를 바 없다고 말씀하셨다(막 7:19). 예수님은 여러 죄인과 함께 식사를 나누셨고, 이를 통해 겪게 된 온갖 곤란을 감수하셨다.

우리는 그리스도인들과 이슬람교도들이 섬기는 신이 서로 다르다고 믿는다. 이와 마찬가지로, 타자를 대면하며 포용하려는 결단 없이는 예수 그리스도 안에서 자신을 드러내신 하나님을 온전히 경배할 수 없다는 것이 내 확신이다. 사랑은 실제로 '타자'를 향해 나아가는 움직임이며, 이는 그저 올바른 태도를 품거나 유익한 구호를 외치는 데 그치지 않는다. 디트리히 본회퍼(Dietrich Bonhoeffer)가 말했듯이, '막연한 꿈속의 사랑'보다는 행동하는 사랑이 훨씬 중요하다.

중동 지역에서 '모든 전쟁을 종식하기 위한' 미국의 전쟁이 한창 수행 중일 때, 노스캐롤라이나주의 한 교회에 속한 여성들이 이라크의 어머니들에게 편지를 보냈다. 그 편지에는 자국의 행위에 깊은 실망을 표하고 그 어머니들과 자녀들의 고통을 염려하는 내용이 담겨 있었다.

자신들이 한 일에 관해, 한 여성은 이렇게 언급했다. "우리의 편지가 그곳 어머니들에게 어떤 변화를 가져다줄지는 잘 모르겠어요. 하지만 이것이 그리스도께서 우리에게 기대하시는 일이라고 확신합니다. 우리가 할 수 있는 일들을 실천하면, 그분이 그것을 향기로운 제물로 받으시고 나머지 일들을 이루어 주실 거예요."

예수님은 한 깨어진 가족에 관한 유명한 이야기를 들려주셨다. 그 이야기에서 동생은 자신의 몫이 아닌 유산을 받아 먼 나라에 가서 전부 탕진해 버린다. 마침내 그가 누더기 옷을 입고 집에 돌아왔을 때, 그곳에 있던 형은 아버지 앞에서 동생을 그저 "[당신의] 이 아들"로 지칭한다. 그는 자기 동생의 모습을 '지극히 방탕하고 무익한 자'로 묘사했으며, 함께 집 안에 들어가서 잔치를 즐기기를 거부했다.

이때 그 아버지는 어디에 있는가? 아버지는 어두운 집 바깥에 나와 스스로 '타자'가 되어 버린 형에게 집에 들어가 함께 기뻐하며 동생과 교제를 나눌 것을 간곡히 권하고 있다. 이는 곧 하나님 나라의 잔치에 참여하라는 요청이다.

하나님은 지금도 이 아버지와 같은 모습으로 행하신다. 그분은 우리로 다른 이들을 그 나라의 잔치에 초청하도록 이끄시며, 늘 새 힘을 더해 주신다.

1. "'타자'를 재정의하거나 그가 지닌 '타자 됨'의 특정 측면들을 무시하[여] …… 그 '타자'가 자신의 고유성을 상실하게" 만들려는 사람들의 책략으로는 어떤 것이 있을까? 몇 가지 예를 들어 보라.

2. 여러분의 교회나 직장에는 인종 또는 민족적 배경, 경제적 계층이나 문화적 정체성이 유사한 사람들이 어느 정도 소속되어 있는가? 이런 표지들은 그렇지 않은 이들에게 어느 정도 심리적 장벽으로 작용할까?

3. 저자는 기독교 신앙을 "자신의 필요를 충족시키고 내적인 상처를 치유하기 위한 일종의 기술로 여기는 일"의 문제를 지적한다. 신자들의 이런 사고방식은 하나님이 교회에 주신 사명을 받드는 데 어떻게 기여하거나 방해하는가? 우리 자신의 개인적인 필요에 초점을 둘 때, 그 일이 다른 집단에 속한 '타자'들과 소통하는 데 어떤 영향을 끼칠까?

4. 한때 여러분의 원수였거나 지금 그런 관계인 누군가를 생각해
   보자. 여러분의 마음과 삶 속에서 어떤 변화가 일어날 때 그를
   사랑하게 되었는가? 혹은 앞으로 그를 사랑하기 위해서는 어떤
   변화가 필요하겠는가?

4장

교회 안의 타자 사랑하기

나는 주일 예배 인도자가 잠시 순서를 멈추고 회중에게 이렇게 물어보는 시간을 좋아하지 않는다. "혹시 함께 기도하기 원하는 제목들이 있습니까?"

내 말은 기도, 특히 우리 **기독교의** 기도가 나쁘다는 뜻이 아니다. 다만 내가 각 교회를 방문할 때, **그 교회에 속한 누군가의** 신체적 치유를 위해 내놓는 것 외에 다른 기도 제목을 들어 본 적이 없기 때문이다.

성경 어디에서도 지금 교회의 그 관습들을 '예수님의 이름으로 드리는 기도'로 간주하지 않는다. 기도에 대한 예수님의 접근 방식은 몸이 아픈 우리 가족과 지인들의 명단을 열거하라는 것이 아니었다. 오히려 그분은 "너희 원수를 위해 기도하라"고 강권하셨다.

예수 그리스도 안에 있는 이 구원의 길은 실로 얼마나 기이한가!

어떤 이들은 교회의 존재와 사역 목적을 그저 우리 자신의 필요를 채우고 염려를 달래며 마음의 상처와 질병을 치유하는 데 두려 한다. 하지만 이러한 근래의 경향은 참된 복음 메시지를 왜곡하는 것이다. 물론 가난한 자와 상처받고 병든 자, 무언가에 중독되었거나 소외된 자, 의심하는 자들과 외로운 이들은 교회가 특별히 돌볼 대상이다. 하지만 교회는 우리가 원하는 것들을 하나님에게서 얻어 내는 곳이 아니다. 오히려 교회는 **하나님이 우리를 통해 원하시는 일들을 이루시기 위한 그분의 방편**이다. 교회에서 우리 역할을 성실히 감당할 때, 그리스도의 주된 사역이 우리를 돕고 치유하시는 일보다 **우리를 불러 그분의 뜻을 받들게 하시는 일**을 통해 성취됨을 깨닫게 된다. 그리스도께서는 우리에게 무모한 임무들을 맡기셔서 사람들을 돕고 치유하시며, 우리 자신의 아픔보다 다른 이들의 고통을 더 깊이 체휼할 것을 분부하신다. 우리는 가족이 아닌 이들의 삶까지 책임 있게 돌보고, 우리가 환대받은 방식대로 낯선 이들을 환대해야 한다. 예수님이 우리에게 "나를 따르라!"고 명하실 때, 우리가 건강하고 평안하며 아무 두려움이 없게 되기까지 그 부름을 지체하지 않으시는 것은 참 감사한 일이다.

우리 교회 성도들이 9.11 사건의 희생자들을 위해 많은 헌금을 한 것은 기쁜 일이었다. 그런데 나는 파키스탄 지진 피해자들을 위해 교회가 더 큰 금액을 기부했을 때, 훨씬 큰 기쁨을 경험했다. 9.11 희생자들은 나 자신이나 우리 교회의 지체들과 상당히 유사한 배경에 속한 이들이다. 하지만 파키스탄처럼 멀리 떨어진 나라에 사는 이들, 우리와 닮지도 않았으며 거의 교류한 적도 없는 이들에게 이런 책임감을 느끼는 것은 매우 놀라운 일이다.

우리로 타자를 향해 나아가게 이끄시는 것은 그리스도께서 우리의 구원을 이루기 위해 쓰시는 주된 방편 중 하나다. 교회 안에서 우리는 자신의 욕구 충족에만 몰두하던 이기적인 소비자의 태도를 내려놓고 다른 이들을 돌아보며 너그럽게 베푸는 삶을 살아갈 기회를 얻게 된다. 이때 우리는 별 요구 사항이 없는 신들을 만들어 내서 우리 자신의 욕망과 두려움을 섬기게 만들려는 인간적인 성향(우상 숭배)에서 해방된다. 예수님은 우리로 '타자'와 함께 거하게 하시는데, 그들은 우리와 많은 동질감을 지닌 존재가 아니다. 하지만 그리스도께서 친히 사랑하셔서 자기 생명을 주신 이들이며, 어떤 대가를 치르고라도 그분의 양 떼 가운데로 데려오기를 바라시는 이들이다.

몇 년 전, 한 젊은 백인이 사우스캐롤라이나주 찰스턴에 있는 임마누엘 아프리카 감리교 감독교회의 성경 공부 시간에 난입해서 아프리카계 미국인 여러 명을 총으로 쏴 죽였다. 당시 주로 백인으로 구성되어 있던 그 주의 한 작은 연합감리교회에 속한 회중은 곧 그 희생자들의 장례식에 참석해서 이 사건에 대한 자신들의 분노와 연대감을 보여 주기로 했다. 그런데 이와 동시에, 그들은 그 교회에서 몇 킬로미터 떨어진 곳에 살던 그 가해자의 가족에게도 연락해서 위로의 뜻을 표했다. 그 성도들이 피해자와 가해자 모두에게 이같이 긍휼을 베푼 이유를 세상 사람들이 의아해할 때, 우리는 먼저 이런 식으로 우리를 받아 주신 하나님에 관한 이야기를 들려주어야 할 것이다.

너른 품을 지니신 그리스도의 교회

로마서 9-11장에서, 바울은 자신이 한 선택된 민족을 넘어 온 인류에게 임하는 하나님 나라의 광대한 비전에 사로잡혀 있음을 보여 준다. 과거에는 소수의 사람에게만 그 나라가 약속되어 있었지만, 이제는 "경건하지 아니한 자를 의롭다 하시는" 주님이 모든 이에게 그 유업을 베푸신다(롬 4:5).

　이사야서에서 하나님은 자신의 구원이 이스라엘 백성을 넘어 온 열방에 이를 것을 장엄하게 약속하고 선포하신다(사 40-55장). 그분은 그 약속이 이루어질 새 시대의 모습을 이렇게 묘사하셨다.

　　그때에 이리가 어린양과 함께 살며

　　　표범이 어린 염소와 함께 누우며

　　　송아지와 어린 사자와 살진 짐승이 함께 있어

　　　어린아이에게 끌리며

　　암소와 곰이 함께 먹으며

　　　그것들의 새끼가 함께 엎드리며

　　　사자가 소처럼 풀을 먹을 것이며

　　젖 먹는 아이가 독사의 구멍에서 장난하며

　　　젖 뗀 어린아이가 독사의 굴에 손을 넣을 것이라

　　내 거룩한 산 모든 곳에서 해 됨도 없고 상함도 없을 것이니

　　　이는 물이 바다를 덮음같이

　　　여호와를 아는 지식이 세상에 충만할 것임이니라(사 11:6-9).

　이스라엘 백성이 바벨론에 포로로 끌려간 당시의 비극적

인 맥락에서 이 약속은 더욱 대범하게 들린다. 당시 그 백성은 바벨론의 잔인한 압제 아래 있었기에, 이사야는 충분히 그들을 향한 증오의 말을 쏟아 낼 수 있었다. 하지만 정작 그의 입에서 나온 것은 언젠가 하나님이 만유를 회복하실 것이며, 그 가운데는 바벨론 족속까지 포함될 것임을 확증하는 한 편의 아름다운 시였다.

구약의 선지서들은 이스라엘 백성이 그들의 소명을 저버릴 위험을 막기 위해 하나님이 (이를테면 예레미야서의 앗수르인들 같은) 그들의 원수까지 들어 쓰실 정도로 크신 분임을 증언한다. (마틴 루터 킹 목사는 아프리카계 미국인들의 교회를 향해, 그들에게는 백인 그리스도인들과 그 교회들이 복음을 더 충실히 받들게끔 도울 특별한 소명이 있음을 종종 역설했다.) 우리는 하나님이 한 분뿐임을 믿기에, 가장 적대적인 '타자'와 대면할 때도 이 선지서의 가르침대로 하나님이 그 안에서 우리에게 다가오고 계실지 모른다는 가능성을 숙고하게 된다. 우리는 그를 '타자'로 여길지라도 하나님에게는 그렇지 않다. 그 '타자'는 미국의 원수일 수 있지만, 하나님은 그의 원수가 아니시다. 설령 그 '타자'가 우리와 하나님을 미워할지라도, 그분은 여전히 그를 사랑하신다.

이전에 사담 후세인은 격한 어조로 미국을 조롱하면서 이렇게 언급했다. "우리 아랍인들은 부시에게 '하나님에게 가까이 가는 법'을 가르쳐 줄 것이다." 당시 그리스도인들은 이렇게 스스로를 일깨웠어야 했다. "하나님은 우리보다 악한 자들을 들어 쓰셔서 우리에게 교훈을 주신다." 하지만 그 대신에, 우리 미국인들은 저 괴물 같은 후세인을 어서 제거해야 한다는 말에 귀를 기울였다. 그 결과, 지금 이라크에는 후세인이 사라지고 미국이 직접 세운 정부가 들어섰다. 하지만 그곳 그리스도인들은 주위 사람들에게 심한 핍박을 겪는 아이러니한 현실에 직면해 있다. 우리 미국인들은 중동 지역에 평화를 가져오겠다는 명목으로 수많은 전쟁을 일으켰지만, 이는 탈레반이 알카에다로 진화했다가 마침내 잔혹한 ISIS로 변모하는 참담한 결과를 낳았다. 우리 미국인들이 합당한 두려움을 품고 후세인의 말을 경청했다면, 지금처럼 미국 역사상 가장 타격이 크고 장기적인 전쟁의 후유증에 시달리고 있겠는가?

로마서 11장에서 바울은 이스라엘 민족에 관한 논의를 이어 가다가 갑자기 하나님의 광대한 지혜와 은혜로운 판단을 찬미한다. "이는 만물이 주에게서 나오고 주로 말미암고 주에게로 돌아감이라 그에게 영광이 세세에 있을지어다"(롬 11:36). 이는 그분이 우리 자신의 인간적인 두려움을 통해 바라보는 것보다 훨씬 나은 세상을 열어 주시기 때문이다. 따라서 바울은 우리에게 이같이 권면한다. "높은 마음을 품지 말고 도리어

[하나님을] 두려워하라"(11:20).

우리는 '우리'와 '그들', 적과 친구, 내부자와 외부자를 엄격히 구별한다. 하지만 하나님은 "그 해를 악인과 선인에게 비추시며 비를 의로운 자와 불의한 자에게 내려 주심"을 통해 그 경계를 무너뜨리신다(마 5:45). 우리는 오만한 태도로 '타자'와 우리 사이를 명확히 구분 짓지만("내가 세상에서 가장 훌륭한 사람은 아니겠지만, 적어도 저 살인적인 무슬림들보다는 나아"), 은혜로 이 세상을 돌보시는 하나님은 그런 우리의 판단을 끝내 무효로 돌리시는 것이다.

우리는 개인적인 삶에서도 그리스도의 사랑을 경험한다. 이는 웨슬리가 올더스게이트가의 체험 당시에 이렇게 고백한 것과 같다. "그리스도께서는 **내** 죄, **바로 나 자신의** 죄를 위해 죽으셨다." 그런데 바울은 우리 개개인에게 베푸시는 이 사랑을 전 세계적인 수준으로 확장시킨다. 언젠가 내가 섬기는 교회의 한 성도가 베트남전 참전 당시 일을 이야기해 준 적이 있다. 당시 그는 폭격기를 몰고 짙은 구름 아래로 하강하던 중이었다. 그런데 마침내 맑은 하늘이 드러났을 때, 그는 심한 당혹감에 사로잡혔다. 수많은 베트남인이 가톨릭 교회당에서 나오고 있었기 때문이다.

"당시 아무도 베트남에 가톨릭 신자가 많다고 말해 주지 않았어요. 결국 저는 폭탄을 투하할 수 없었습니다. 그 교회당 바깥 풍경은 제가 다니던 아이오와주의 교회 모습과 매우 비슷해 보였거든요."

자신이 속한 국가의 주권을 과시하며 인간적인 영역의 경계를 치졸하게 옹호하는 이들의 태도에서는 편협한 교구주의의 냄새가 풍긴다. 이에 반해, 온 인류를 널리 포용하고 환대하는 이들의 태도에서는 우주적인 보편 교회의 향기가 난다.

이방인들까지 품으시는 하나님의 사랑

복음의 개방적이고 '타자' 지향적인 특성은 사도행전 이야기 속에서도 드러난다. 당신이 당시 소아시아 어느 지역의 한 가정 교회에 다른 그리스도인들과 함께 모여 있다고 상상해 보자. 당신은 주위 동료 그리스도인들과 마찬가지로 유대인이다. 비록 그 경로는 제각기 다르지만, 모두는 나사렛 출신의 예수라는 낯선 인물이 오랫동안 고대해 온 메시아라는 놀라운 결론에 이르렀다. 그분은 이스라엘 백성을 향한 하나님의 약속을 성취하는 존재인 것이다. 당신은 대략 한 세기 전에 유대 땅에서 일어난 일들, 곧 예수님의 탄생과 생애, 그분의 십자가 죽으심과 부활이 온 세상을 뒤엎어 놓았다고 믿게 되었다. 마침내 하나님이 자신의 백성을 구속하시려고 이 세상에 찾아오신 것이다. 지금 당신은 소수이며, 종종 이교도 이웃들의 조롱과 무시에 시달린다. 하지만 당신이 속한 '에클레시아'(이는 '불러냄을 받은 자들' 혹은 '교회'를 뜻한다)는 오랫동안 약속되어 온 하나님 나라가 마침내 이 세상에 뚫고 들어오는 중임을 확신하고 있다. 이제 하나님의 백성인 그들은 오랜 제국의 압제에서 풀려나고, 이방인들은 자신들의 행위에 합당한 대가를 받을 것이다.

부활하신 그리스도께서는 우리가 이 복음의 증인이 될 것이라고 말씀하셨다. 당신은 믿음의 중심지인 예루살렘에서 흩어진 후 "사마리아와 땅 끝까지" 이르러 그 기쁜 소식을 전하게 될 것이다(행 1:8). 그리고 이 약속은 오래되지 않아 실현되었다. 오순절 날, 성령님이 "천하 각국으로부터 와서 예루살렘에 머물러" 있던 유대인들 위에 임하신 것이다(행 2:5). 바벨탑 사건 이후에 온 인류가 다양한 언어권으로 나뉘었지만, 그 유대인들은 그분의 능력 안에서 서로 대화를 나누고 소통할 수 있었다. 당시 길거리의 군중이 이 모습을 보고 비웃었으나, 베드로는 그들을 상대로 담대히 주님의 말씀을 전했다. 그에 따르면, 당시 현상은 성령님이 온 이스라엘 백성을 마침내 하나로 모으심을 드러내는 징표였다. 당시 다락방에 모여 있던 제자들뿐 아니라, "너희와 너희 자녀와 모든 먼 데 사람 곧 주 우리 하나님이 얼마든지 부르시는 자들"까지 그 대상 속에 포함된 것이다(행 2:39). 이 일 가운데는 오래전 바벨탑에서 벌어진 '흩으심'의 사건을 역전시키시는 하나님의 손길이 담겨 있었다. 당시 온 인류는 하나의 언어를 방편 삼아 온 세상에 "우리 이름을 내고"(창 11:4), 거대한 탑을 쌓아 그들 자신을 하나님보다 위대한 존재로 부각하려 했다. 이에 대한 심판으로, 하나님은 그들을 뿔뿔이 흩으시고 그들의 언어권이 수많은 갈래로 나뉘게 하셨다. 그리하여 더 이상 단일한 언어가 주는 안정감을 누리지 못하게 만드신 것이다.

오순절 사건에서 하나님은 우리를 다시 하나로 불러 모으셨다. 바벨탑 때와 달리, 이 일은 어떤 거대 제국의 프로젝트나 인간의 획일적인 계획에 근거해서 이루어진 것이 아니었다. 오히려 이 일은 성령님의 자유롭고 주권적인 사역에 바탕을 두고 있었다. 이제 하나님은 여러 언어를 통해 온 인류를 뿔뿔이 흩으시는 것이 아니라, 그 언어들을 복음 전파와 선교의 귀한 도구로 들어 쓰셨다. 이는 마침내 모든 이가 서로의 차이를 넘어서서 함께 소통하며 공감하게 될 미래의 모습을 미리 보여 주는 것이다.

그러니 사도행전 이야기에서 이방인들이 모습을 드러낼 때 그 일을 이상히 여길 이유가 어디 있겠는가? 오순절에 베드로는 이렇게 선포했다. "누구든지 주의 이름을 부르는 자는 구원을 받으리라"(행 2:21). 이 구절을 읽을 때 우리는 자연스럽게 "누구든지"가 그들(이방인)이 아닌 우리를 가리킨다고 생각한다.

사도행전에는 당시 교회가 "하나님께서 이방인에게도 생명 얻는 회개를 주셨[다]"는 것을 깨닫고 느낀 충격을 어떻게 다루어 나갔는지에 관한 이야기가 담겨 있다(행 11:18). 당시 한 무리의 사마리아인이 빌립을 찾아와 주의 이름으로 세례받기를 청했다(행 8:12). 그들은 유대인들과 적대 관계였으나, 적어도 먼 친족이기는 했다. 하지만 그 후, 빌립은 광야에서 한 에디오피아인 내시에게 세례를 주게 된다(행 8:26-40). 이는 혈통상 유대인과 공통점이 전혀 없는 이였다. 그리고 이후에도 더 놀라운 일들이 이어진다. 사도행전 10장에서 베드로가 한 이방인 회심자와 그의 온 가족에게 세례를 베풀었는데, 그 회심자는 바로 **로마 군대 장교**인 고넬료였던 것이다!

한번 상상해 보자. 당시 당신이 동료 유대인들로 구성된 회중 속에 있었는데, 낯선 **이방인들**까지 그리스도를 구주로 고백하며 그분에게 나아오는 모습을 본다면 어떤 마음이 들겠는가? 마땅히 **'우리'**만 맞아 주셔야 할 주님 품에 외부인이자 핍박자인 이들이 찾아와 안길 때, 유대인 신자들은 매우 당혹스러웠을 것이다.

당시 이 '타자'(이방인)를 받아들이는 문제는 초대 교회가 직면한 주된 도전이었다. 사도행전 15장에는 **'그들'**을 어떻게 할 것인지를 두고 예루살렘 교회 회의에서 치열한 논쟁을 벌인 일이 기록되어 있다. 과연 이 이방인들도 개종해서 유대인의 모습(남자의 경우에 이는 할례받는 일을 의미했다)을 갖추어야 하는가? 당시 할례와 토라에 대한 충성심은 여러 세기에 걸친 디아스포라와 이방인들의 핍박 시기에 유대인들의 민족 정체성을 지탱해 준 두 가지 핵심적인 특징이었다. 따라서 그들은 이렇게 질문했다. "우리가 성경의 분명한 가르침들(할례와 율법_ 옮긴이)을 저버린다면, 참되고 유일하신 하나님을 향한 예배나 구약 이스라엘 백성과의 연속성이 어떻게 확보될 수 있을까?"

예루살렘 회의 말미에, 야고보는 구약의 아모스서를 인용하면서 이방인들을 교회 안에 기꺼이 맞아들일 것을 주장했다(행 15:16, 17). 그에 따르면, 이 말씀에는 유대인과 이방인 사이의 역사적이고 성경적인 장벽이 마침내 무너질 것이라는 약속이 담겨 있었다. 이방인들이 유념해야 할 것은 그저 정결한 음식에 관한 유대교의 규정을 지키는 일이었으며, 이제는 (유대인과 이방인을 구분하는 절대적인 표지였던) 할례가 더 이상 요구되지 않았다.

오늘날 우리의 가장 큰 소망은 우리로 타자를 향한 환대에 동참하게 하시는 하나님의 섭리가 교회의 유전자 속에 깊이 새겨져 있다는 것이다. 오순절에 교회가 처음 탄생한 후, 각 세대의 교회들이 한 가지 질문 앞에 거듭 직면하면서 무수한 재탄생이 이어졌다. 그것은 바로 사도행전 15장의 교회 회의에서 씨름한 이 질문이다. **"과연 우리는 지금 확대되고 있는 하나님 나라의 경계선을 좇아가야 하는가?"** 우리는 이방인들을 찾고 부르며 모으시는 성령님의 움직임을 계속 따라가야 할까? 그리스도께서 낯선 이들을 환대하셨듯이, 우리도 위험을 무릅쓰고 그리해야 할까? 과연 **우리**는 그분의 마음으로 **그들**에게 응답해야 하는가?

사도행전에 따르면, 성령님이 교회를 주관하실 때 우리의 '사유 재산'이 없어진다. 나눔과 교제는 부활의 가시적인 징표다(행 6장). 오늘날의 교회는 이 초기 공동체를 하나의 이상으로 삼고, 늘 그 빛에 비추어 현재 상황을 판단해야 한다. 하나님은 하나의 진정한 공동체 속으로 우리를 초대하시는데, 이는 키와니스(Kiwanis, 미국에서 설립된 국제 봉사 단체_ 옮긴이)나 로터리 회원이 되는 것보다 훨씬 흥미로운 부름이다. 이를 통해, 그분은 '내 것'에 대한 우리 인식을 철저히 바꾸어 놓으신다.

우리가 속한 교회의 경계를 느슨하게 유지하는 일은 우리 의무를 소홀히 하는 것이 아니다. 오히려 이는 역사적인 소명을 제대로 받드는 것이 된다. 그리스도께서 죄인인 우리를 환대하셨듯이, 우리도 조금이나마 다른 이들을 환대하려 애쓰는 것이 마땅하기 때문이다.

사도행전은 '타자'를 받아들이는 일을 기독교 선교의 핵심으로 여긴다. 사실 그들을 진심으로 수용하는 태도는 예수 그리스도의 마음과 삶에서 이미 시작되었다. 이후 고넬료와 에디오피아인 내시가 세례받고 그리스도인이 되며, 심지어 교회에 가장 심하게 대적하던 사울까지 이방인 선교의 핵심 지도자로 택함을 받는다(행 9장). 이런 일들은 우리가 쉽게 배척하고 외면했을 이들을 성령님이 끌어안고 변화시키시는 가운데서 하나님 나라가 계속 진전되어 간다는 것을 보여 준다. **선교**는 곧 우리 그리스도인들이 '타자'에게로 나아가서 그들의 말을 경청하고 복음을 제시하는 활동이며, 이때 우리는 그들을 진심으로 섬길 뿐 아니라 그들과의 만남을 통해 우리 자신이 변화될 위험까지 감수해야 한다.

이때 그리스도께서 우리에게 기대하시는 일은 그저 그들을 '초청하고', '환대하거나', '친절을 베푸는' 데 그치지 않는다. 겸손히 그들과 '함께 머무는' 일 역시 충분하지 않다. 주님은 우리에게 타자를 적극적으로 사랑하고 끌어안으며, 부지런히 찾아 나설 것을 분부하신다.

어떤 교회 안에 공동체적인 성장이 없고 충격적인 세례 의식도 없으며 이 시대의 '이방인'들을 어떻게 대할지에 관해 열띤 논쟁과 충돌도 벌어지지 않는다면, 이는 그 교회가 실상 예수님의 명령에 순종하지 못하고 있음을 보여 준다. 어떤 목회자가 기존의 교회 성도만 돌보고 위로하면서 그들의 심부름꾼으로 사는 데 만족한다면, 그는 교회 지도자의 직분을 그저 '집 지키기' 정도로 격하시키는 셈이 된다. 하지만 우리는 모두 '타자'를 향한 주님의 넓은 손길에 동참하도록 부름받았다. 그분은 "나는 내 양을 알고 양도 나를 [안다]"(요 10:14)고 말씀하셨을 뿐 아니라, "이 우리에 들지 아니한 다른 양들이 내게 있어 내가 인도하여야 할 터이니"라고 선언하셨다(요 10:16).

한번은 어느 목회자들의 모임에서 루터교 감독을 만난 적이 있다. 당시 내가 루터교 설교의 명쾌함과 그 예전의 아름다움을 칭찬하자, 그는 이렇게 답했다. "목사님이 속한 웨슬리주의 교파야말로 전도와 선교의 영역에서 이상적인 기준과도 같지요." 이 점에 비추어 볼 때, 내가 속한 교회에서 '복음적'이라는 단어가 고작 '나는 정치적 우파입니다' 혹은 'LGBT의 정체성을 지닌 이들의 목사 안수를 반대합니다'라는 의미로 종종 변질하는 것은 참 슬픈 일이다. 그리고 '진보적'이라는 단어가 흔히 '나는 정치적 좌파를 따릅니다' 혹은 '다양성과 포용에 관한 구호들을 좋아하지만, 새로운 지체들을 우리 교회 안으로 맞아들이기 위해 굳이 힘들고 위험한 일들을 감수하고 싶지는 않습니다'라는 뜻으로 왜곡되는 것 역시 그러하다. 웨슬리의 부흥 운동은 성령님의 인도하심을 좇아 기존의 협소한 교구 사역을 벗어나서, "세계가 나의 교구다"라는 광대한 비전 아래 타자들에게로 나아가는 운동이었다. 그는 이전에 아주 가난하고 무식하거나 독한 술에 중독되어 그리스도께 속하기 어렵다고 여겨지던 이들 앞에 **하나님의 구원이 그들 모두를 위한 것임을** 드러내는 교회를 꿈꿨다!

지난 수십 년간, 내가 속한 연합감리교회는 교회 내의 민족적 다양성을 증진하기 위한 온갖 프로그램에 수백만 달러를 지출하고 이 문제를 다루는 여러 모임을 열어 왔다. 그 과정에서, 우리는 자신들의 '포용적인 태도'에 관해 은근히 자부심을 품기도 했다. 하지만 퓨 리서치(Pew Research) 재단의 2015년 연구에 따르면, 이 영역에서 우리 교회는 오히려 퇴보하고 있다. 우리 감리교인들은 다른 여러 교파에 속한 이들보다 인종적인 포용성이 약하다는 것이다. 우리는 다양한 인종 출신의 감독들을 선출하고 총회 산하의 여러 위원회에 인종별 할당량을 두었으며, 이 문제에 관해 그럴싸한 구호들을 늘어놓기도 했다. 하지만 이를 위해 목회자와 성도를 구체적으로 훈련시키며, 각 회중 내부의 인종적인 다양성을 증진하는 데 필요한 일들을 실제로 감당하게끔 이끄는 데는 소홀했다. 이는 실로 웨슬리의 후예답지 않은 일이다.

내가 전에 사역한 어느 교회에서 있었던 일이다. 당시 우리는 알코올 의존증으로 노숙자가 된 한 여성을 열심히 전도했고, 마침내 교인으로 등록시켰다. 그의 이름은 앨리스였다. 우리는 그리스도께서 우리를 영접하셨듯이 앨리스를 진실로 영접하려 애썼으며, 한 가정이 이 일에 대한 교회의 사역 전반을 맡아 주관했다. 그 후 2년간, 우리는 이 일에서 많은 성공과 실패, 벅찬 감격과 좌절을 맛보았다. 그것은 우리 인내심과 재정을 시험하는 고된 시기였다.

마침내 앨리스는 1년간 술을 끊고 안정된 직장을 얻었다. 그때 나는 그의 회복에 중요한 역할을 한 여자 성도를 만나서 감사의 뜻을 표했다.

그러자 그 성도는 이렇게 답했다. "오히려 앨리스에게 감사해야겠어요. 앨리스가 이곳 트리니티 교회에 오지 않았다면, 우리는 이웃 노인들의 사랑방 같은 상태로 계속 머물렀을 테니까요. 앨리스 덕분에 우리 교회가 **교회다워졌어요!**"

우리가 앨리스를 환대했을 때, 그리스도 안에 있는 구원의 모험이 지닌 참 의미가 비로소 회복되었다. 그리하여 우리는 평범하고 단조로운 기존의 '감리교'에서 벗어날 수 있었다. 그 후 우리 교회는 이전에 그저 "이곳에 오신 것을 환영합니다"였던 전도의 구호를 이렇게 바꾸었다. "우리에게는 당신이 꼭 **필요합니다.**"

모으기 위해 모인 공동체

교회의 핵심에는 분리와 환대의 흥미로운 역동성이 존재한다. 한편으로, 교회는 '에클레시아', 곧 '불러냄을 받은' 공동체다. 그 이유는 무엇일까? 이는 하나님이 우리를 '타자'에 대한 본능적인 혐오와 두려움이 가득한 세상 바깥으로 불러내시기 때문이다. 그분은 이 공동체를 통해, 지금 이 세상의 통념에 잘 들어맞지 않는 낯선 이들을 한데 모으려 하신다. 우리 직무는 그리스도께서 인간들 서로의 장벽을 허무시고 우리를 "많은 지체"를 지닌 "한 몸"(고전 12:13, 14)이 되도록 기적적으로 불러 모으신다는 이 복된 소식을 전하는 데 있다. 성령님은 우리 신체에 각인된 서로의 고유한 차이를 전부 소멸시키지 않으신다.

하지만 그분은 우리 문화와 사회적 역할 가운데서 부과된 피상적이고 인위적인 차이를 누그러뜨리시며, 이를 통해 우리로 하나가 되게 하신다. 예수님은 아버지 집에 "거할 곳"(요 14:2)이 많다고 말씀하신다. 교회 모임이 열릴 때마다, 그곳에 함께한 이들의 다양성은 하나님의 집이 실로 광대하기에 나와 '타자' 모두 그 속에서 안식할 수 있음을 보여 준다.

교회는 이 세상을 사랑하며 통치하시는 하나님의 주권적인 의지를 널리 드러내는 일종의 전시장이다. 우리가 먼저 그분의 백성으로 부름받은 이유는 세상을 변화시키시는 성령님의 능력을 생생하고 가시적인 형태로 증언하기 위함이다. 그 능력은 우리로 자신과 유사한 부류의 사람들과만 교제하며 '그들'처럼 낯선 이들은 배제하려는 인간 본연의 성향을 극복하게 만드신다.

그리스도의 이름으로 타자를 환대하는 일은 그저 포용에 관한 구호를 외치거나 짧은 인사를 건네는 데 그치지 않는다("우리가 말과 혀로만 사랑하지 말고 행함과 진실함으로 하자"[요일 3:18]). 기독교의 사랑은 행동하는 사랑이며, 그 안에는 상대방을 그리스도의 몸인 교회 안으로 이끌어 들이려는 적극적인 움직임과 전략이 담겨 있다. 이렇게 행할 때, 우리는 비로소 자신이 속한 교회가 진실로 그분의 소유임을 깨닫게 된다.

교회 안에서 사랑하기

너희는 각기 이웃을 조심하며

　어떤 형제든지 믿지 말라

......

그들은 각기 이웃을 속이며

　진실을 말하지 아니하며

　　그들의 혀로 거짓말하기를 가르치며

　　악을 행하기에 지치거늘

네가 사는 곳이 속이는 일 가운데 있도다

　그들은 속이는 일로 말미암아 나를 알기를 싫어하느니라

　　여호와의 말씀이니라(렘 9:4-6).

이 본문에 담긴 것은 '이웃 사랑'이 아니다. 오히려 주위 사람들과 벗들이 거짓으로 우리를 비방하며 속이고 핍박하는 자들로 묘사되어 있다. 여기서 주의할 점은 예레미야가 자신의 동족이며 하나님의 백성인 이스라엘을 향해 이 말씀을 전한다는 것이다. 따라서 이 말씀이 가리키는 것은 하나님의 원수인 이방인들의 모습이 아니다. 이처럼 우리 허물을 정직히 드러내시는 하나님을 섬기는 것은 실로 놀라운 경험이다!

요한일서는 사랑 안에 두려움이 없다고 말하는데, 이 '사랑'
은 곧 기독교 회중이라는 맥락 안에 있는 사랑이다. 마태복음
의 예수님은 원수까지 사랑하라고 명령하셨으며, 누가복음에
서는 멸시받던 사마리아인을 이웃 사랑의 본보기로 삼으셨다.
하지만 요한 문헌에서 제시되는 사랑은 교회 내부적인 성격을
띤다. 예수님이 "새 계명을 너희에게 주노니 서로 사랑하라"(요
13:34)고 말씀하실 때, 이는 교회 안의 사랑을 의미하는 것이다.
어떤 이들은 이런 요한복음의 경향성을 차별적이고 고립적인
것으로 여기면서, 다른 복음서들에서 특징적으로 나타나는 예
수님의 무모한 사랑, 곧 원수까지도 용서하는 그 사랑을 편협
하게 축소하는 것이라고 주장했다.

하지만 요한은 교회 안의 '타자'를 사랑하는 것이야말로 예
수님이 주신 가장 어려운 명령임을 상기시킨다. 솔직히 나는
주위의 일부 감리교인보다 낯선 무슬림들에게 더 긍정적인 감
정을 품기도 한다. 흥미롭게도, 우리에게는 성가신 옆집 사람
보다 바다 건너편의 낯선 이웃을 사랑하기가 오히려 더 쉽다.
내가 속한 교단의 총회가 열릴 때, 우리는 '연합 감리교인 됨'보
다 성적인 지향성이 더 중요한 통합의 표지라고 믿는 이들이
불러오는 안타까운 결과들을 종종 목격하게 된다.

요한일서에서는 예수님의 제자들을 "어린 자녀들"(little

children, 요일 2:1; 2:12, CEB)로 지칭한다. 나는 혹시 그 표현 속에 그들을 향한 깊은 애정 이상의 것이 담겨 있지는 않을까 하는 생각이 든다. 이는 그것이 우리 교인들의 안타까운 실상을 매우 정확히 묘사해 주기 때문이다. 우리는 하나님의 자녀로 부름받았지만, 종종 버릇없고 제멋대로인 말썽꾸러기 아이처럼 행동하기도 한다.

예수님을 사랑할 때, 우리는 함께 그분을 따르는 주위의 형제자매들을 사랑하라는 명령을 받게 된다. 그분의 벗인 그들을 사랑할 길을 찾지 못한다면, 그분을 사랑하는 방법도 결코 알아낼 수 없을 것이다. 성경은 이렇게 확언한다. "누구든지 하나님을 사랑하노라 하고 그 형제를 미워하면 이는 거짓말하는 자니 보는 바 그 형제를 사랑하지 아니하는 자는 보지 못하는 바 하나님을 사랑할 수 없느니라"(요일 4:20). 따라서 우리는 다른 본문에서 주님이 다음과 같이 말씀하신 것을 깊이 감사해야 한다! "어린아이들[곧 이기적이고 고집 세며 칭얼거리는 말썽꾸러기들]이 내게 오는 것을 용납하고 금하지 말라"(눅 18:16).

동료 그리스도인들을 사랑하는 일은 쉽지 않다. 특히 그들과 격렬한 의견 충돌을 겪고 있을 때는 더 그러하다. 예전에 나는 목회자 안수에 성적 지향성이 중요한 조건인지를 둘러싸고 열띤 논쟁이 벌어진 모임에 참석한 적이 있다. 이 논쟁에서 한 토론자는 이렇게 주장했다. "이것은 성경의 가르침을 준수하는 일과 관련이 있습니다."

그러자 상대방이 이렇게 반론을 제기했다. "주님은 우리에게 성경을 사랑하라고 하지 않으셨습니다. 우리가 받은 명령은 주위의 그리스도인 형제자매들을 사랑하라는 것입니다!" 이때 그는 요한서신의 가르침을 염두에 둔 것이 분명하다.

예수님은 우리가 교회 안에서 사랑을 실천할 때 의견 충돌이 아예 사라질 것이라고 말씀하지 않으셨다. 테르툴리아누스에 따르면, 초대 교회가 계속 성장한 이유 중 하나는 세상 사람들이 그 공동체를 보면서 이렇게 경탄해서다. "저들은 정말 서로 사랑하는구나!" 하지만 테르툴리아누스 자신은 주위의 동료 그리스도인들을 상대로 종종 격렬하고 혹독한 논쟁을 벌였다. 어떤 교회들은 서로 사랑하려는 노력을 포기하고, 그저 휴전 기간을 이어 가기도 한다. 이는 치열한 의견 다툼이 계속되는 동안 자신들의 교회 자체가 해체되고 말 것을 두려워하기 때문이다.

'타자'들을 위한 교회

북미 대륙을 '우리의 것'으로 여기면서 문화적인 지배자로 군림해 온 백인 그리스도인들에게 '타자'를 영접하는 일은 일종의 구원 체험이 될 수 있다. 아프리카계 미국인 교회들은 자신들이 "다른 이들의 땅에서 나그네" 된 이들임을 늘 자각해 왔다(행 7:6, CEB, 옮긴이 번역). 그들은 세상을 거스르는 공동체로서 하나님 나라의 전초 기지에 속한 이들이다. 예수님이 우리 안에 심어 주신 믿음, 곧 우리 정체성이 하나님 안에 확립되어 있다는 믿음보다 이 세상 문화에 더 굳건히 맞서는 힘을 지닌 것은 없다. 이때 우리 정체성은 국적이나 인종과 성별, 혹은 사람들이 서로를 구별 짓는 다른 어떤 방식에도 좌우되지 않는다.

미로슬라브 볼프는 미국 교회가 무슬림들과의 관계에서 '환대의 해석학'을 증진해 갈 것을 권고한다(*A Public Faith: How the Followers of Jesus Christ Should Serve the Common Good* [Grand Rapids, MI: Brazos, 2011], 「광장에 선 기독교」, IVP 역간). 오늘날 널리 퍼진 '의심의 해석학'에서는 타자의 겉모습 뒤에 무언가 사악한 요소가 숨어 있다고 믿는다. 이에 반해, '환대의 해석학'을 따르는 이들은 다음 일들을 실천한다.

1. 누군가의 말과 행동을 정직하게 수용하고, 그에게서 무
   언가 장점이 될 만한 일들을 찾아보려 한다.
2. 열린 태도로 타인을 판단하고 해석하며 평가한다. 이는
   인류를 향한 하나님의 마음이 그러함을 알기 때문이다.

우리는 망설임 없이 그리스도를 본받는 삶을 살아간다. 이
는 그분 안에서 우리가 은혜를 입어, 하나님의 원수에서 벗으
로 변화되었기 때문이다. 이제 우리는 함께 모여 서로의 관계
속에 계시는 한 분 하나님, 곧 성부와 성자, 성령 하나님에게
예배한다. 우리는 조금씩 환대를 실천하며, 하나님의 은혜로
그분의 약속들을 믿고 자신의 고백대로 살아가게 된다. 그리
고 교회는 우리에게 적절한 도전과 자극을 제공하여, 우리로
극심한 두려움에 마비되는 일 없이 '타자'를 수용하는 새로운
삶의 방식들을 찾아가게끔 이끈다.

그런데 우리는 교회가 오히려 이웃 환대의 걸림돌이 될 수
있다는 점 역시 인정해야 한다. 어떤 교회는 청년부가 "견고히
결속되어 있음"을 자랑하는데, 이는 때로 그 공동체가 그들 자
신에게만 관심을 쏟으며 타인의 참여를 쉽게 허용하지 않는
상태임을 나타낼 수 있다. 바울은 교회를 "그리스도의 몸", 곧
그분이 행하신 일에 근거해서 함께 모인 공동체로 불렀으며,

하나의 (인간적인) '가족'으로 지칭하지 않았다. 가족의 경우 어떤 이가 입양될 수는 있지만, 이를 위해서는 그 가족 구성원들의 승인과 동의가 필요하다. 그러나 우리가 주님의 몸인 교회 안에 있는 것은 다른 지체들이 우리의 가입을 너그러이 '허용했기' 때문이 아니다. 오히려 그리스도께서 우리 모두를 그분의 지체로 삼아 주셨기 때문이다.

언젠가 내가 섬기는 교회에서 한 젊은 사역자를 고용해 '술집 사역'을 맡긴 적이 있다. 당시 교회가 위치한 시내에는 바와 카페가 많았기에, 우리는 이 일이 적절하다고 여겼다. 그 사역자는 교회 인근의 술집 혹은 카페에서 성경 공부와 기도 모임을 시작해 볼 계획이라고 이야기해 주었다. 이 말을 듣고, 우리는 계속 고령화 추세에 있는 우리 교회에 드디어 여러 청년이 찾아오리라는 기대에 부풀었다.

이때 그가 이렇게 말을 이어 갔다. "하지만 지금 우리 교회의 현실을 분명히 아셔야 합니다. 제가 저 술집 중 한 곳에서 어떤 여성을 만나 이렇게 권한다고 해 보지요. '괜찮으시면 제 차를 타고 저 길 건너편에 있는 큰 교회의 예배에 함께 가 보시지 않겠어요?' 그분에게 제 말은 마치 이런 뜻으로 들릴 겁니다. '오늘 내 집에서 함께 밤을 보냅시다.'"

순간 나는 이렇게 생각했다. '뭐라고?'

그는 다시 말했다. "이는 함께 교회에 가자는 제안이 저들의 모든 가치관에 역행하기 때문이지요. 요즈음 청년들은 우리 교회가 동성애를 혐오하는 낡고 진부한 사고방식에 빠져 있으며, 인종 차별적일 뿐 아니라 세상에 존재하는 온갖 폭력의 근원이라고 믿습니다. 교회는 자신들이 지난밤에 행한 일을 차갑게 판단하고 정죄하는 곳이라고 여기지요. 교회에 나오라고 권면할 때, 이는 그들 자신을 무방비 상태로 우리에게 내어 놓으라는 뜻이 됩니다."

이는 우리의 기독교적인 환대를 받아들이기 위해 '타자'가 어떤 희생을 감수해야 하는지를 다시금 상기시켰다.

목회자들은 기존 성도를 돌보고 양육하는 일에만 몰두하기 쉽다. 이는 교회 바깥의 비그리스도인들을 애써 찾아가는 것보다 그 편이 안전하게 여겨지기 때문이다. 사람들은 자기 교회의 '가족적인 분위기'를 자랑하지만, 이는 종종 '우리'에게 관심을 집중한 나머지 '그들'을 환대할 여지가 없음을 드러낼 뿐이다. '타자'에 대한 적개심이 '애국심'으로 칭송받는 이 불안한 세상에서, 낯선 이들을 영접하고 환대하는 일은 더욱 중요한 교회의 사역이 되었다.

어느 금요일 저녁, 한 대통령 후보가 텔레비전에 나와서 "멕시코인들이 미국을 망치고 있다"라는 막말을 했다. 이틀 후

주일 예배에 참석했을 때, 나는 목사님이 그 인종 차별적인 망언의 그릇됨을 지적해 주기를 바랐다. 하지만 그분은 아무 말도 하지 않았다. 다만 설교를 마친 뒤, 목사님은 우리 교회에 출석하고 있던 온두라스 출신의 한 가정을 강단 앞으로 초청했다. 그러고는 그 가정의 어머니와 막내딸에게 세례를 베풀었다. 목사님은 하나님이 이 가정을 돌보고 양육할 책임을 우리에게 주셨으며, 이를 통해 스페인어 사용자들을 섬길 새로운 사역의 기회가 열릴 것이라고 말했다. 그런 다음에는 온 회중이 일어서서 우리의 하나님 나라 백성 됨을 고백하면서, "그리스도께서 모든 세대와 인종, 민족에 속한 이들을 그 나라 가운데로 인도해 들이심"을 선포했다.

교회는 이런 식으로 정치인들의 거짓 선동에 맞서 싸운다. 사회의 온갖 편견을 바로잡기 위한 우리의 믿음직한 해결책도 여기에 있다. **교회**가 바로 그 해답이다.

내가 아는 어느 교회에서는 두 인종으로 구성된 한 가정을 기쁘게 교우로 맞이했다. 그러고는 또 다른 두 인종 출신의 가정이 그 공동체의 일원이 되었다. 그 목회자를 만났을 때, 그는 내게 이렇게 자랑했다. "어떤 분들은 수십 킬로미터를 운전해서 주일 예배에 참석한답니다. 이 가정들 덕분에, 지난 20년간 계속 줄던 교인 수가 회복되었지요. 이제 우리는 온전한 삶을 살게끔 인도해 줄 교회들을 찾아 헤매는 이가 아주 많음을 알게 되었습니다. 이는 미국이 할 수 없는 일을 예수님은 행하실 수 있음을 보여 주는 교회들이지요."

자신의 당선이 확실시되던 선거 전날 저녁(당시 여론 조사에서 30퍼센트 이상 앞서고 있었다), 노스캐롤라이나 주지사인 팻 맥크로리는 저급한 텔레비전 광고를 내보냈다. 어둠 속에서 울타리 아래로 몰래 기어가는 한 무리의 사람들을 탐조등으로 비추는 모습이 담긴 광고였다. 그 위로 낮게 깔리는 내레이션에서, 그는 자신이 주지사로 선출되면 불법 이민자들로부터 노스캐롤라이나주의 경계선을 사수하겠다고 장담했다(사실 그 주는 다른 나라들과 국경을 맞대고 있지도 않은데 말이다!).

내가 흥분한 어조로 맥크로리의 광고를 비판할 때, 한 교우가 이렇게 말했다. "목사님, 그 사람이 큰 표 차로 당선된 사실을 더 염려하셔야 합니다. 혹시 목사님의 설교가 더 명확했다면, 사람들이 더 나은 유권자가 되었을지도 모르지요." 아이쿠. 그 말이 옳다.

요한계시록에 따르면, 하나님의 뜻이 온전히 성취되는 마지막 때에 구름같이 많은 백성이 한데 모여 그분에게 경배한다. "이 일 후에 내가 보니 각 나라와 족속과 백성과 방언에서 아무도 능히 셀 수 없는 큰 무리가 …… 외쳐 이르되 구원하심이 보좌에 앉으신 우리 하나님과 어린양에게 있도다 하니"(계 7:9, 10). 이 복되고 보편적인 성도들의 기쁨을 미리 맛보고 싶다면, 돌아오는 주일 가까운 교회의 예배에 참석해 보라.

우리는 함께 이 약속된 천상의 복을 향해 나아가고 있음을 기억하면서, 교회에서 낯선 이들을 환대하고 영접하기 위해 다음과 같은 몇 가지 실제적인 조치를 시행할 수 있다.

1. 평신도 지도자들은 소속 교회의 목회자들에게, 교인들을 돌보는 데 들이는 시간의 절반 정도는 아직 교회에 등록하지 않은 외부인들을 찾아가 전도하며 교제하는 데 쓰도록 요청해야 한다.

2. 교회의 각 모임에서, 우리는 모든 방문자가 회중의 일원이 되기를 기대하고 그들에게 교회 등록을 적극 권장해야 한다.

3. 우리는 외부인들을 교회로 초청하고 환대할 뿐 아니라, 그들이 그리스도의 몸 안에 온전히 통합되도록 인격적이고 능동적인 전략을 수립해야 한다. 기독교의 사랑은 그저 올바른 구호를 외치거나 바람직한 생각을 품는 데 그치지 않는다. 그것은 구체적으로 행동하는 사랑이며, 그 모습은 다른 이들과의 적극적인 대화나 지속적인 연

대의 삶을 통해 드러난다.

4. 도움이 필요한 지역 주민들을 직접 대면하며 섬기는 사역에 모든 교인이 동참해야 한다. 이 가운데서, 그들은 그저 도움의 대상으로만 여기던 이들에게서 오히려 기쁨과 유익을 얻게 된다.

5. 각 회중은 자신들이 의도치 않게 '타자'들을 배제하며 그들의 교회 출석을 어렵게 만드는 모든 요인을 정직하게 파악해야 한다. 예를 들어 주중에 교회 문을 늘 잠가 두는 일이나 그 회중만의 생소한 관행, 비공식적인 드레스 코드나 교회 리더십을 독단적으로 배분하는 일, 자의적인 음악 선곡이나 장애인들이 접근하기 힘든 교회 구조, 방문객에 대한 기대와 관심이 없는 분위기 등은 모두 처음 온 이들이 환영받지 못한다고 느끼게 할 수 있다.

6. 당신이 속한 회중 가운데에서 자신이 소외되었거나 자기 목소리가 제대로 반영되지 않는다고 느끼는 집단 혹은 개인은 없는가? 우리가 그들의 목소리를 이해하고 경청하며, 회중의 주된 정서에 어긋나는 신념과 견해를 지닌 이들까지도 환대하기 위해 취할 구체적인 조치로는 어떤 것들이 있을까?

7. 우리 안에 자리 잡은 '타자'에 대한 두려움은 성경 공부

와 설교의 좋은 주제가 될 수 있다. 각 회중은 이 문제를 놓고 기도하면서 자신들의 상황을 정직하게 분별해야 한다.

8. 경제적인 측면이나 민족, 인종, 혹은 정치적인 측면에서 당신의 회중은 구체적으로 어떤 집단들을 두려워하는가? 교회가 이 집단들에게 다가가며, 교회 안에서 정직한 대화와 경청, 상호 이해가 이루어질 수 있음을 보여주기 위해서는 어떻게 해야겠는가?

9. 당신이 속한 지역 사회에서 어떤 그리스도인 집단 혹은 개인이 다른 비그리스도인 집단을 향해 배타적인 혐오 발언을 일삼거나 적대적인 행동을 취할 때, 그 피해 집단에게 다가가서 그 그리스도인(들)이 예수 그리스도의 진리를 전부 대변하지는 않는다는 사실을 알게 하라.

10. 교회는 '타자'의 불의한 행동으로 피해를 입었거나 그로 인한 두려움에 휩싸여 있는 이들을 도울 수 있다. 이때 교회는 그들의 형편에 깊이 공감하고, 예수 그리스도께는 그들을 그 분노와 상처, 두려움에서 건져 주실 능력이 있음을 확증해야 한다. 그리하여 그들이 자신에게 해를 입힌 '타자'를 회피하고 도망치는 것이 아니라, 도리어 당당하고 편안하게 대면할 수 있게끔 이끌

어 주어야 한다.

타자를 환대하고 또 환대받기

요즈음은 '영성'이라는 용어가 유행하는데, 이는 굳이 예수님
의 몸인 교회와 씨름하거나 주위의 '타자'들 앞에서 경건하게
살아가려고 애쓰지 않으면서 일종의 종교적인 감각만 만끽하
는 일을 가리킨다. 하지만 요한은 지루할 정도로 자주 "서로
사랑하라"는 권면을 반복하는데, 이는 함께 주일 예배를 드리
는 동료 형제자매들을 아끼고 돌보라는 뜻이 분명하다. 이런
요한의 당부를 접할 때, 나는 혹시 그가 연합감리교회의 목회
자로 사역한 적이 있지는 않을까 하고 생각하게 된다(여기서 저
자는 그 교단의 사랑 없는 분위기를 꼬집는 듯하다_옮긴이).

요한이 형제 사랑을 권고한 이유는 단지 그것이 교회의 번
영과 성장을 보여 주는 하나의 지표라서가 아니다. 오히려 그
사랑이 세상을 향한 복음 증거의 참된 방편이기 때문이다. 성
경은 이렇게 말하지 않는다. "하나님이 우리 교회 혹은 나와
비슷한 사람들을 이처럼 사랑하사 …… 주셨으니." 아니다. 정
답은 "하나님이 **세상을** 이처럼 사랑하사"이다(요 3:16, 강조는 내

가 덧붙였다).

복음서에서 예수님은 어느 잔치 이야기를 비유로 들려주셨다. 그 이야기에서 초대된 손님들은 저마다 어이없는 변명을 대면서 주인의 부름을 거절한다(눅 14:16-21). 이에 그 주인은 하인들에게 이렇게 명령한다. "빨리 시내의 거리와 골목으로 나가서 가난한 자들과 몸 불편한 자들과 맹인들과 저는 자들을 데려오라." 이는 곧 우리가 잔치에 함께 참석하고 싶지 않을 만한 부류의 '타자'들이다.

이 이야기 끝부분에서는 처음에 초대된 이들(**우리**)이 그들 자신의 선택 때문에 그 잔치에서 배제된다. 이에 반해, '외부인'으로 여겨졌던 '타자'(**그들**)는 주인의 식탁에 앉는다.

예수님의 이 비유가 우리에게 좋은 소식으로 다가올지 아닐지는 지금 우리가 서 있는 곳이 어디인지에 달려 있다. 아직 주인의 식탁에 앉지 못한 '타자'들에게 복된 소식은 하나님이 친히 그들을 초대하셔서 풍성한 잔치를 열어 주신다는 것이다. 그러나 '**우리**'에 속한 이들, 곧 그리스도의 잔치 자리를 자기와 유사한 부류의 사람들만을 위한 지루하고 따분한 모임으로 변질시킨 이들은 '타자'를 배제하는 동시에 주님 자신을 거부해 버린 셈이 된다.

나는 교회의 감독으로 사역하면서, 때로 자신의 직무를 내려놓겠다는 목회자들의 청원을 받았다. 다만 그들이 예수님 때문에 사역을 포기하는 경우는 본 적이 없다. 아마 어떤 이들은 많은 사역자가 다음과 같이 선언하면서 사임한다고 여길지도 모르겠다. "이제 그만두렵니다! 더는 '말씀이 육신이 되신' 그분을 위해 일할 수가 없습니다. 예수님은 지나치게 까다롭고 요구 사항이 많은 분입니다."

하지만 실제로는 이렇게 말하면서 사역을 그만두는 경우가 대부분이다. "저는 예수님을 사랑하지만, 이른바 그분의 '친구'라는 교인들을 더 이상 견딜 수가 없습니다." 그들은 교회를 향한 열심과 헌신을 여전히 간직하면서도, 다른 한편으로는 그 교인 패거리의 우두머리를 없애 버리고 싶은 충동에 시달린다.

나는 대학 교수로 재직하다가 교회의 감독이 된 뒤, 이따금 이런 질문을 받았다. "지금은 교회의 고위 성직자로 활동하고 계신데, 지난 교수 생활이 가장 그리워질 때는 언제인가요?"

그러면 나는 이렇게 답한다. "사실 듀크 대학교의 입학처가 가장 생각나고 아쉽습니다. 그 부서는 제가 낯설고 이질적인 부류의 사람들과 함께 일하지 않도록 보장해 주었지요. 그곳에서 저는 늘 유사한 배경에 속한 사람들, 저만큼이나 우리 사회의 구조를 이용해서 여러 이익을 얻은 사람들만 마주하며 지낼 수 있었습니다. 하지만 교회는 이와 전혀 다릅니다. 선택의 여지가 없기로 악명이 높지요. 예수님이 누구를 교회 안에 데려다 놓으시든, 우리 목회자들은 꼼짝없이 그와 손잡고 일해 나가야 합니다!"

할렐루야.

이 장에서 저자는 낯선 이들의 환대와 포용을 위한 열 가지 제안을
제시한다. 지금 여러분이 소모임에서 이 책을 함께 읽는 중이라면,
그 일곱 번째 제안을 실행에 옮긴 셈이다. 열 가지 제안 중에서 당
신의 교회가 이미 실천하고 있는 항목들에 표시해 보라. 그리고 자
신의 교회와 지역 사회를 위해 당신이 적극적으로 제안하기 원하는
항목들을 하나 이상 선택해 보라.

5장

우리의 참된 타자이신 예수님

한 율법 교사가 예수님을 찾아와서 물었다. "말씀해 주십시오. 영생을 얻으려면 **제가** 무엇을 행해야 합니까?"

이에 예수님이 대답하셨다. "간단하다. 네 전부를 다해 하나님을 사랑하고, 이웃을 너 자신같이 사랑해라."

율법 교사는 다시 끈질기게 물었다. "하지만 누가 제 이웃입니까?" 그 말 속에는 이런 의미가 함축되어 있었다. '사랑하기는 쉽지만, 이웃을 찾기가 어렵습니다.' 달리 말해, 그의 태도는 마치 다음과 같았다. '이웃이 될 만한 사람과 그렇지 못한 사람을 구분하고 누가 제 이웃인지를 알아낼 수만 있다면, 바로 이웃 사랑을 실천하겠습니다. 이 문제에 대한 최근 추세는 어떤 것일까요?'

이에 예수님은 여느 때처럼 이야기 하나를 들어 답하셨다 (눅 10:25-37). 예루살렘에서 여리고로 가던 길에 강도를 만나, 심한 구타를 당하고 반쯤 죽은 상태로 구덩이에 던져진 한 남자의 이야기였다. 그가 온몸에 상처 입은 채로 죽어 갈 때, 길 너머로 한 제사장이 나타난다. (설교 시간에 이 말씀을 듣는 회중은 더욱 귀를 기울인다.) 하지만 그 제사장은 강도 만난 사람을 보고 멀리 피해서 지나가 버린다. (이때 회중은 환호하면서 이렇게 소리친다. "예수님, 가서 저들을 짓뭉개 버리세요. 우리는 돈만 밝히면서 잘난 척하는 텔레비전 설교자들을 보는 데 진저리가 납니다. 한 방 먹여 주세요." 그들에게는 늘 성직자에 대한 깊은 반감이 있다.) 그다음에는 한 레위인이 다가온다. 그는 이를테면 예루살렘 제일교회의 평신도 지도자 같은 인물이다. 하지만 그 역시 멀리 피해서 지나치고 만다. ("꼴 좋군!" 회중은 이렇게 소리친다. "저자들은 주일마다 예배당 맨 앞 좌석에 앉아서 자기가 대단히 경건한 신자인 척 행동하죠. 정말 못 봐주겠어요. 저들은 십일조를 가장 많이 낸다는 이유로 교회가 마치 자신들의 소유인 듯이 으스댑니다. 예수님, 저들을 짓뭉개 주세요!")

강도 만난 남자는 여전히 구덩이 속에 누워 있다. 그는 다시 자신이 있는 쪽으로 걸어오는 발소리를 듣는다. 어느덧 해가 저물고 있다. 그는 자신이 이미 피를 많이 흘렸음을 안다. 이번에도 도움을 얻지 못하면 그대로 숨질 수도 있다. 그는 피를 흘려 시야가 흐릿해진 상태에서 간신히 눈을 떠 본다. 한 사람이 다가오고 있다. 그 사람은 (우리와 마찬가지로) 겸손하고 진실한 감리교인, 믿음이 깊으면서도 자신을 드러내지 않고 소박하게 처신하는 신자일까? 아니다. 여기서 우리는 …… 한 사람의 **사마리아인**을 보게 된다!

이때 그 말씀을 들은 주위의 무리는 마음속으로 이렇게 소리쳤을 것이다. '**맙소사, 사마리아인이라고요?** 우리 이스라엘 백성은 그 혼혈인 이단자들을 몹시 증오해 길에서 그들과 마주치지 않으려고 아예 요단강을 건너 멀리 돌아갈 지경이라고요.' (누가복음 9장 54절에서, 요한과 야고보는 예수님이 하늘에서 불을 내려 사마리아인들을 멸하시기를 바랐다.) '**사마리아인이라니! 그런 자들의 손에 구원받느니 차라리 죽고 말지!**' 당시 예수님의 비판자들은 그분을 이렇게 비웃으며 조롱한 일도 있다. "우리가 너를 사마리아 사람이라 또는 귀신이 들렸다 하는 말이 옳지 아니하냐?"(요 8:48) 그들에게 이 말은 최악의 모욕이었다.

우리는 이후 그 이야기가 어떻게 진행되었는지 안다. 사마리아인은 생명의 위협(이는 그 남자를 해친 강도들이 여전히 근처에 은밀히 숨어 있을지도 몰랐기 때문이다)을 감수하면서 그 자리에 멈춰 섰다. 그는 자기 옷을 찢어서 남자의 상처들을 싸매어 주었으며, 남자를 나귀에 태우고 여관에 데려가서 잘 돌보아 달라고 부탁하면서 비용은 자기가 다 내겠다고 약속했다.

어쩌면 당신은 이렇게 생각할지 모르겠다. '그 제사장과 레위인이 나쁜 게 아닐 거야. 그들은 그저 자신의 종교적인 직무에 전념했을 뿐이겠지. 여하튼 종교의 중요한 기능 중 하나는 죄를 범한 자와 무고한 자, 압제자와 피해자, 그리고 어려움을 당한 이들 중에서도 도울 가치가 있는 자와 없는 자를 구별하게 해주는 것 아니겠어?'

당신은 계속 생각을 이어 간다. '여하튼 그런 사람들을 다 도와줄 수는 없어. 저 사람이 어쩌다가 저런 일을 만나게 된 건지도 잘 모르는걸. 무엇보다 저 일은 내 책임 소관이 아니야. 이미 내 가족과 지인들을 챙기는 데만도 시간이 부족할 정도니까. 어느 정도 제한이 필요해. 요즈음 고속도로에서 멈춰 서는 것은 아주 위험한 일이야. 히치하이커들을 차에 태워 주는 일도 불법이고. 게다가 나는 의학적인 훈련을 받은 적도 없어.'

이 이야기 속의 사마리아인은 낯선 이에게 기이할 정도로 후한 친절과 선의를 베풀었다. 그는 구덩이에 빠진 처음 보는 사람을 위해 시간과 관심을 쏟고 큰 위험을 감수한 것이다. 예수님의 이 비유는 자신과 전혀 공통점이 없는 이를 위해 그가 행한 일이 얼마나 너그럽고 희생적인 것인지를 보여 준다.

대체로 우리는 그 사마리아인을 '우리처럼 고상한' 유형의 사람으로 여기는 편을 선호한다. 이를테면 '유나이티드 웨이' (United Way, 미국의 자선 단체_ 옮긴이) 사역에 기부하고 적십자 차량에서 헌혈하며, 이따금 공립 학교의 자원봉사 활동에 참여하는 '선량한 시민'으로 간주하는 것이다. 이런 일들은 우리가 별다른 위험과 희생을 감수하지 않고도 실천할 수 있는 것들이다. 해마다 25달러를 기부하거나 소량의 혈액을 뽑는 일, 매주 한 시간 정도 남을 위해 봉사하는 일은 그리 어렵지 않다. 우리는 흔히 자기애의 또 다른 표현으로 이런 일들을 이용한다. 그저 자신을 돋보이기 위한 일종의 방편으로 삼는 것이다.

하지만 사마리아인은 여관 주인에게 이렇게 약속했다. "이 사람을 돌보는 데 드는 비용은 제가 돌아오는 길에 전부 치르겠습니다."

예수님은 그 율법 교사에게 이렇게 물으셨다. "자, 이른바 '신학자'라는 네 눈에는 이 셋 중 누가 그 강도 만난 이의 이웃이겠느냐?"

이때 율법 교사는 이렇게 반박한다. "잠시만요. 제가 선생님에게 여쭤 본 내용은 **제가** 저 자신같이 사랑할 만한 이웃이 누구인가 하는 것이었는데요?"

여기서 기이한 점은 예수님이 율법 교사의 질문을 사실상 다음과 같이 역전시키셨다는 것이다. "네가 물어야 할 질문은

'내가 낯선 이들에게 이웃이 되어 주려면 어떻게 해야 하는지' 가 아니다. 오히려 '**그 낯선 이들 중 어떤 사람이 내 이웃이 되어 주었는지**' 하는 것이다." 그 세 사람, 곧 '선량한' 종교인인 제사장과 지역의 유력 인사인 레위인, 그리고 멸시받던 사마리아인 중에서 누가 그 죽어 가던 이에게 참된 이웃이 되어 주었는가? 이제 그 사람은 그들 중 누구를 자기 자신같이 여기고 사랑해야 할까? 우리가 물어야 할 질문은 '내가 누구에게 이웃이 되어야 할까'가 아니다. 오히려 그 질문은 '**누가 내 이웃이 되어 주었는가**'가 되어야 한다(여기서 저자는 그 강도 만난 사람의 처지에 우리 자신을 대입시킨다_옮긴이).

이때 율법 교사는 마지못해 이렇게 답했다. "제 생각에는 자비를 베푼 사람인 것 같습니다. 그 사마리아인이요."

우리는 자신의 위치를 바르게 헤아려야 한다. 아우구스티누스가 말했듯이, 이 본문의 이야기는 강도 만난 이웃에게 우리가 자비를 베푸는 일에 관한 것이 아니다. 오히려 그것은 길에서 마주친 세 사람 가운데 단 한 사람만이 강도 만난 우리의 이웃이 되어 준 이야기다. 그는 바로 우리가 끔찍이 멸시하던 '사마리아인'이었다.

아마 우리는 이런 유형의 이웃에게 도움을 받느니, 차라리 목숨을 잃는 편을 택하려 들 것이다.

율법 교사는 스스로를 정당화하기 위해 자신이 하나님과 이웃을 제대로 사랑하고 있음을 입증하려 했다. 하지만 그가 대면하게 된 것은 구덩이 속에 빠져 죽어 가는 불쌍한 남자가 아니었다. 오히려 불쌍함과 거리가 먼 사마리아인, 곧 그가 지독히 멸시하고 배척하며 혐오하던 바로 그 '타자'였다. 율법 교사는 자신이 돌봐 주어야 할 사람이 누구인지 궁금히 여겼지만, 예수님은 도리어 그 율법 교사 자신이 다른 이의 돌봄을 받아야 할 처지에 있음을 드러내셨다. 그는 자신을 돕기 위해 위험을 무릅쓰고 스스로를 희생할 누군가의 손길에 의존해야만 했다. 율법 교사는 사마리아인을 자신의 적으로 여겼지만, 실은 그 '타자'야말로 율법 교사의 참된 이웃이 되어 준 것이다.

우리가 곤경에 처했을 때, 세 사람이 그 곁을 지나게 되었다고 생각해 보자. 한 설교자와 독실한 평신도가 걸어왔지만, 그들은 그냥 못 본 척 지나갔다. 유일하게 멈춰 서서 우리를 도와준 사람은 ISIS나 미국 총기 협회, 팔레스타인 해방 기구에 속한 이였다(혹은 누구든 당신이 가장 경멸하고 두려워하는 이를 그 자리에 대입해 보자).

이때 우리는 한목소리로 이렇게 답할 것이다. **"그런 자들에게 건짐을 받느니, 차라리 죽는 편이 낫습니다."**

여기서 우리는 예수님의 여러 다른 비유를 접할 때와 마찬가지로 새삼 놀라게 된다. 이것은 무엇보다 우리 자신이 주인공인 이야기가 아니며, 우리가 궁핍한 이들을 어떻게 환대하면 좋을지를 다루는 내용도 아니다. 오히려 우리가 미처 예상하지 못할 정도로 낯설고 기이하신 하나님이 그 주인공이신 이야기이며, 때로 그분은 우리가 도저히 견디기 힘든 사람들을 통해 구원의 손길을 베푸신다. 이것은 우리가 어떻게 이러저러한 선행을 통해 스스로를 구원할 수 있는지에 관한 이야기가 아니다. 오히려 예수님이 우리를 구원하시는 낯설고 기이한 방식에 관한 이야기다.

그 율법 교사처럼, 우리는 다른 이들에 대한 자기 책임의 한계를 알고 싶어 한다. 우리의 사랑을 받기에 합당한 이들을 어떻게 식별할 수 있을까? 가난한 자들 중에 도움받을 자격이 있는 이는 누구인가? 우리는 얼마나 베풀고 나누어야 할까? **내가** 이웃으로 삼을 만한 이는 누구일까?

하지만 이 이야기는 **우리가** 누구의 이웃이 되어야 할까에 관한 것이 아니다. 오히려 누가 **우리에게** 이웃이 되어 줄지에 관한 이야기다. 지금도 우리에게 다가오는 그 '타자', 우리가 몹시 두려워하며 꺼리지만 그 손길을 받아들이기만 하면 우리를 위기에서 건져 내줄 그 존재는 과연 누구인가?

우리는 복음서의 유대인들이 예수님을 이렇게 비난한 바

있음을 기억해야 한다. "이 사람이 죄인을 영접하고 음식을 같이 먹는다!"(눅 15:2) 주님은 탕자를 환대하고, 간음한 여인을 용서하셨으며, 강도를 낙원으로 인도하셨다. 그분은 하나님이 선인과 악인 모두에게 따스한 햇빛을 허락하심을 일깨우시고, 무익한 자들의 선동으로 십자가에 달려 돌아가실 때도 이렇게 기도하셨다. "아버지, 저들을 용서하소서." 그리고 주님은 친히 부활하셔서 자신을 배신하고 저버린 자들(우리) 곁에 다시 임하셨다. 그분은 늘 깊은 사랑으로 우리에게 손을 내미신다. 그에 비하면 우리의 인간적인 자선은 실로 초라하게 보일 정도다.

이 본문에서 우리를 구원하는 '타자', 멸시받고 불쾌감을 불러일으키는 그 '사마리아인'은 바로 **그리스도** 자신이시다.

우리는 모두 자신의 교만 속에 갇혀 홀로 죽어 가고 있다. 그때 그분이 예기치 않게 우리 이웃으로 다가오신다. 우리를 향한 사랑이 몹시도 깊고 넓기에, 그분은 자신의 생명을 희생하면서까지 구원의 손길을 내미셨다. 이 본문에 담긴 것은 '선량한' 우리가 자신의 이웃이 될 만한 이들을 찾아낼 때 겪는 어려움에 관한 이야기가 아니다. 오히려 그것은 사람들이 멸시해 온 이 낯선 '타자', 곧 예수님이 바로 우리의 참된 이웃임을 깨닫지 못하는 안타까운 현실에 관한 이야기다.

이제 우리는 "**나 자신처럼 사랑해야 할 이웃은 누구입니까?**"라는 율법 교사의 질문에 답할 수 있다. 그 이웃은 바로 본문에서 멸시받던 사마리아인과 같은 우리 구주이시다. 그분은 전능하신 하나님이면서도 온갖 위험을 감수하고 이 땅에 내려오셨으며, 우리 발을 씻기시고 모든 아픔과 상처를 치유하셨다. 그러고는 마침내 십자가에서 우리를 향해 자신의 두 팔을 활짝 벌린 채로 숨을 거두셨다. 지금 우리 문제는 그저 자기 이웃이 될 이들이 누구인지 모른다는 데 있지 않다. 오히려 이 구주이신 하나님을 모르는 데 있다.

예수님은 율법 교사를 그 자리에 남겨 두고 다시 예루살렘으로 향하셨다. 그 여정 끝에서, 사람들은 이 선한 사마리아인을 배신하고 조롱하며 옷을 벗기고 때린 뒤에 마침내 십자가에 못 박았다. 그분은 상처 입고 외로이 죽어 가는 우리를 살리려고 이 세상에 오셨지만, 우리는 한목소리로 이렇게 말했다. "당신이 환대하고 포용한 그런 자들을 받아들이는 곤욕을 치르느니, 이곳에서 우리와 비슷한 부류에 속한 이들과 함께 두려움에 매인 채로 남겠습니다. **당신과 같은** 이들의 손으로 구원받느니, 차라리 죽는 편이 낫습니다."

하지만 크신 하나님의 은혜로, 이제 교회에서 우리는 예수님이 아니고는 알지 못했을 이웃들을 만난다. 그리고 그곳에서, 우리는 만물을 한데 모으기로 결단하신 구주를 대면하게 된다. 감사하게도, 그 대상 가운데는 우리 자신 역시 포함되어 있다.

이 낯선 세상에서 서로에게 '타자'가 되어 버린(혹은 '타자'에 대한 깊은 두려움에 갇힌) 우리에게도, 여전히 참된 소망이 남아 있다. 그 소망은 바로 그리스도의 과감하고 헌신적인 사랑이 우리의 모든 두려움을 이길 만큼 강하다는 데서 온다.

하나님에게 감사하자!

1. 당신이 낯설고 생소한 지역을 여행하던 때를 떠올려 보자. 당신
   을 불편하게 만든 이들은 누구이며 상황은 어떤 것이었는가? 이
   두려움을 극복할 방법을 함께 이야기해 보자.

2. 누가복음 10장 25-37절의 선한 사마리아인 비유를 큰 소리로 읽
   어 보라. 당신 주위에서 가장 소외된 상태에 있는 이들은 누구인
   가? 어떤 이들을 섬기는 일이 가장 위험하고 부담스럽게 다가오
   는가? 하나님의 도우심을 힘입어 이런 두려움을 극복하고 다른
   이들을 돌아볼 방법을 함께 생각해 보자.

참고 문헌

· Augustine. *Confessions*. Translated by Henry Chadwick. Oxford: Oxford University Press, 1991.「고백록」.

· Bader-Saye, Scott. *Following Jesus in a Culture of Fear*. Grand Rapids, MI: Brazos, 2007.

· Davis, Ellen. *Getting Involved with God: Rediscovering the Old Testament*. Cambridge, MA: Cowley, 2001.「하나님의 진심: 구약 성경, 천천히 다시 읽기」, 복있는사람 역간.

· Haidt, Jonathan. *The Happiness Hypothesis*. Cambridge, MA: Basic Books, 2006.「행복의 가설: 고대의 지혜에 현대 심리학이 답하다」, 물푸레 역간.

· McGlone, Tim. "State Urged to Pay for 21 Lost Years." Norfolk Virginia-Pilot, February 4, 2004. Fleming Rutledge, "My Enemy, Myself," in *Not Ashamed of the Gospel: Sermons from Paul's Letter to the Romans*. Grand Rapids, MI: Eerdmans, 2007에서 재인용.「부끄럽지 않은 복음: 플레밍 러틀리지의 로마서 설교」, 도서출판100 역간.

· Rock, David. *Your Brain at Work*. New York: HarperCollins, 2009.「일하는 뇌: 사무실 전쟁 속에서 살아남는 업무 지능의 과학」, 랜덤하우스 코리아 역간.

· Solzhenitsyn, Aleksandr. *The Gulag Archipelago: 1918–56*. Paris:

Éditions du Seuil, 1973. 「수용소군도」, 열린책들 역간.

· Volf, Miroslav. *Exclusion and Embrace.* Nashville: Abingdon Press, 1996. 「배제와 포용」, IVP 역간.

· _____, *Public Faith: How the Followers of Jesus Christ Should Serve the Common Good.* Grand Rapids, MI: Brazos, 2011. 「광장에 선 기독교」, IVP 역간.

장별 성구 찾아보기

책별 성구 찾아보기

Fear of the Other

사랑 안에 두려움이 없고

타자 혐오 시대, 그리스도인의 사랑과 환대에 관하여

초판 발행   2024년 4월 20일

지은이   윌리엄 윌리몬

옮긴이   송동민

발행인   손창남

발행처   (주)죠이북스(등록 2022. 12. 27. 제2022-000070호)

주소   02576 서울시 동대문구 왕산로19바길 33 , 1층

전화   (02) 925-0451 (대표 전화)

              (02) 929-3655 (영업팀)

팩스   (02) 923-3016

인쇄소   시난기획

판권소유   ⓒ(주)죠이북스

ISBN   979-11-93507-21-6 03230